농사짓는 시인 박형진의
연장 부리던 이야기

KB079053

朝鮮 農器具 散筆

농사짓는 시인 박형진의
연장 부리던 이야기

현장사진 황헌만, 유물사진 농업박물관

열화당

서문

연장은 살아 있다
닳은 연장은 살아 있다
농부의 손에 들린 닳은 연장은 살아 있다

김수영金洙暎 시인의 시 「눈」의 "눈은 살아 있다 / 떨어진 눈은 살아 있다 / 마당 위에 떨어진 눈은 살아 있다"가 생각난다. 반짝반짝 빛이 나는, 닳고 닳은 괭이를 어깨에 멘 채 석양을 등지고 마을을 향해 피곤한 발걸음을 옮기고 있는 농부의 모습은 그 고단한 살림살이와는 별개로 아름답기 그지없다. 아니 고단하기에, 그리고 그 고단한 동시대의 삶을 함께 살아내기에, 바라보는 사람의 눈에는 처연한 아름다움으로 비춰지기까지 한다.

농부에게 연장이란 무엇인가. 단순하면 단순할수록 그것은 그 사람의 신체의 연장延長에 다름 아니다. 도구라고 하는 게, 예를 들어, 침팬지가 땅속에 있는 개미를 꺼내 먹기 위해 손에 든 '풀 줄기'라는 데서부터 시작되었다고 한다면, 원시에 가까울수록 그렇지 않은가. 인간이 수렵 채취의 시기를 지나 몇만 년이 흐른 지금에도 호미나 괭이는 원시의 모습 그대로 단순하기 그지없다. 이것은 역설적으로 단순한 신체의 일부이기에 지금껏 도구로서 기능하며, 거친 논밭을 일구는 것을 넘어 마을을 일구고 한 사회와 그 사회를 떠받치는 규범 즉 문화를 일구어낼 수 있었을 것이다. 그러므로 도구는 도구 그 이상의 무엇이다.

알다시피 요즈음의 농사 연장이라는 것은 거의 대부분이 도구가 아닌 기계이다. 경운기를 시작으로 트랙터, 콤바인, 이앙기, 관리기가 주종인데, 동력에 연결해서 쓰는 각종 농기구들을 따져 보면 거의 대부분 기계라고 해도 과언이 아니다. 기계란 효율을 중시한다. 효율을 중시하는 기계의 속성은 그것을 만들어낸 거대 기업, 즉 자본의 속성과 정확히 일치한다. 그러므로 기계는 그것을 사용하는 농부의 의지와는 무관하게 자기의 속성대로 굴러갈 수밖에 없다. 다시 예를 들어 오천만 원짜리 트랙터 한 대를 사면 그 기계 값을 뽑아내고, 감가상각減價償却을 따지고, 고장 및 부품 교체 비용을 계산해서 수익을 내기 위해 몇천 시간의 작업을 해야 한다. 그런 과정을 거쳐 농부는 서서히 기계화되고, 자본에 예속되어 가고, 기계처럼 마모되어 교체될 수밖에 없게 된다. 한마디로 소모품이 되는 것이다. 닳아서 못 쓰게 된 도구를 농부가 다시 만드는 것하고는 정반대다. 이것이 도구로서의 농부의 연장과 자본으로서의 기계가 서로 섞일 수 없는 섬뜩한 차이이자 경계이다.

기계가 인간적이지 못하다는 또 하나의 차이는 연료를 사용해야 된다는 것이다. 즉 석유에 의존하지 않는 한 모두 다 무용지물인데, 자원을 사용하는 데 따른 고갈과 환경오염을 생각하면 기계를 사용함으로써 얻어지는 효율이라는 게 앞으로 얼마나 더 인간에게 도움이 될지는 따져 보아야 할 일이다. 환경 재앙을 이야기하면 기술신봉주의자들은 언제나 더 나은 기술로 그것을 극복할 수 있다고 말하며, 실제로 그렇게 나아간다. 하지만 우리는 과연 그것을 믿어야 하는가. 이 제동장치 없는 기술문명의 발달이 과연 영화 「인터스텔라」에서처럼 옥수수마저 재배할 수 없는 지구, 화성으로의 이주까지를 결과하는 상황을 만들어내게 놔두어야 하는가. 이 지점에서 우리는 적정 기술과 속도의 문제를 다시금 생각해야 한다. 굳이 트랙터를 들이대지 않아도 될 텃밭에, 그러니까 경운기면 충분할 밭에 생각 없이 타성대로 트랙터를 쓰지는 않는가. 부엌칼이면 충분할 생선에 작두칼을 들고 덤비는 이 행위는, 역설적이게도 호미면 충분할 것을 중국엔 가래를 들이대도 막지 못할 상황으로 몰아가는 것과 마찬가지라 아니할 수 없다.

이 속도와 적정기술의 문제는 우리 농업을 뿌리째 망가뜨리려 했던 농산물 수입개방정책과 궤를 같이한다. 이미 독재정권 시절의 경제개발 때부터 비교우위론이라 하여 우리 농업을 개밥 퍼 주듯 자본과 외국에 내주었지만, 특히나 외국 농산물이 들어오면서 농촌은 급격하게 망가졌다. 젊은이가 떠난 마을에 노인들만 남아 농촌은 공동화空洞化, 황폐화되었고, 인력을 대신할 기계와 화학비료, 농약이 도입되면서 과속이 시작되었다. 과속은 아무것도 돌아보지 못하게 한다. 그 속에 숨겨진 수탈의 구조와 경쟁의 무차별성을 '발전'이라는 이름으로 당연하다는 듯 포장할 뿐이다. 속도 자체가 아름답다 하면, 그리고 최단 시간 안에 목적지에 닿는 것만이 살길이라고 하면 할 말이 없지만, 농업, 농촌, 농민이라는 것이 과연 그리해야 되는 것인가. 모심奉과 살림生의 농적 가치와 규범이 여지껏 한민족의 가치와 규범이 되어 왔는데, 이것이 이렇게 일거에 부정되거나 변형되어도 괜찮은가.

농업이 기계화되는 과정에는 힘든 노역을 벗어나고픈 '편리'라는 마약이 주사된 것도 인정하긴 해야겠다. 생각해 보자. 트랙터 작업 한 번이면 소와 쟁기, 써레, 고무래, 괭이 따위의 연장과, 거기에 따르는 수십 가지의 과정, 단계의 일들이 간단히 해결된다. 콤바인도 마찬가지다. 콤바인이 한 번 훑고 지나가면 베고 터는 과정에서 발생하는 수십 가지의 과정들, 예컨대 일꾼들의 새참과 끼니를 준비하기 위해 산을 오르내리며 고사리를 꺾고 삶고 말려 갈무리해 뒀던, 아낙의 몇 달 전부터의 축적된 부엌 일까지가 단시간에 해결된다. 해결된다는 말은 적절치 않다. 아예 수행되지도, 일어나지도 않는다. 농촌의 생활양식과 유구한 전통문화가 이처럼 '기계화=

속도＝이윤’ 이라는 것에 단시간에 철저히 붕괴돼 버렸다. 그래서 농촌은 결국 도시의 위성화衛星化가 된 것이다. 여기에 우리의 서글픔이 있다. 한 자루 괭이를 손에 쥐고 흙을 파헤치는 과정에서 느끼는 과거와 현재, 옛사람과 지금의 나, 그리고 이들과 땅을 통한 연대의식에서 더 나아가 자연, 우주와의 영적 교감, 지속 가능한 미래 등을 편리와 바꿨기 때문이다. 다시 말해, 농부는 한 사람 한 사람이 모두 과거와 온갖 경험이 축적돼 있는 살아 있는 박물관인데, 이제는 스스로 그 괭이를 던져 버리고 정체성을 잃어버린 영혼 없는 기계 기술자가 되는 듯해서다.

사랑하는 것들일수록 항상
팔 안에 가까이 있어야 한다

돌아서서 며칠만 보지 않으면
수척스런 가시내야 금세
짙어져 버리는 가슴에 감춰
팔딱팔딱 풀여치를 기르느냐
탱글탱글 무당벌레를 기르느냐
미끌미끌 지렁이가 기어간다 호시탐탐
너를 엿보는 녀석들에게
와 누우라고 유혹을 하느냐

봐라
내 이제 사흘 밤낮이나 벼린
두 팔을 치켜들고 너에게로 달려가

한꺼번에 쓸어안고 거친 숨을 고르며
이 힘의 강약과 빠르고 느림
선의 직곡直曲을 교묘히 교차하여
벼락 치듯
때론 춤추듯
네 허리 아래를 유린해 버릴지니

너는 이런 새벽을 기다렸느냐
밤새 이슬을 붙잡아 목욕을 하고
거짓말처럼
뼛속까지 상쾌한 입맞춤을 하는구나
슴벅- 슴벅-
천 번도 더 넘게
오르가슴으로 전율하는구나

이 순간만은
서로 의심 없이 베고 베이고
베인 상처마다 우윳빛 연정을
품어내는 가시내야 너의
품 안에 다시 송장벌레를 기른다 해도
사랑하므로 내 더욱
날카롭고 새파랗게 벼리리라

―「낫에 대한 명상」

"품 안에 다시 송장벌레를 기른다 해도 / 사랑하므로 내 더욱 / 날카롭고
새파랗게 벼리리라." 낫을 가는 농부의 마음뿐 아니라, 연장을 스스로
만들어 쓰는 마음에는 혼이 깃들어 있다.

다시 농사 연장 이야기로 돌아가자. 우리의 연장은, 하찮은 똥바가지 하나라도 제 모습을 갖춰서 태어나는 데는 산과 들과 햇빛과 물과 바람, 그리고 오랜 시간과 사람의 경험에서 나온 숙련된 정성이 필요하다. 다시 말해 천지만물이 합슴 들어야 생겨나는 것이다. 그러므로 여기엔 혼이 깃들어 있다. 스스로 만들어 오래 쓰면 쓸수록, 아니 할아버지, 아버지를 거쳐 온 연장일수록 더욱 내 몸의 일부가 된다. 그러나 이제 농촌 어디에도 이런 연장을 써서 힘써 일하는 모습은 찾아보기 어렵다. 십 년이면 강산이 한 번 변하는 게 아니고 두 번 세 번씩 변해서 불과 한 세대 전의 일들이 까마득한 원시의 이야기가 되었다. 변하는 것은 좋은 것이다. 그러나 그 변화라는 게 연속적 서사敍事를 바탕으로 하는 게 아니라 부정에 의한 단절에 기반을 두는 듯하다.

처음 이 글을 쓸 때는 나 자신이 농사꾼으로서 사라져 가는 이런 것들이 안타까워서였다. 이런 것을 되새겨 보고자 하는 또 다른 하나는 사십 년 넘게 이 땅에서 농사지어 온 사람으로서의 자존심 때문이다. 그렇다 하여 어쨌단 말인가. 이로써 위안이 생긴단 말인가. 위안이라는 것은 구체성을 결여하면 성립되기 어려운 것이다. 농촌이 붕괴되어 가는데 이것을 조금이라도 막아내고 바람직한 방향으로 갈 수 있는 구체적인 방편 하나라도 생각지 않고 단지 자존심만으로 이 글을 썼다면, 그것은 자기기만일 것이다. 내가 생각하는 방편 중 하나는 도시농부와 텃밭 농사를 만들어 가는 일이다.

농촌은 이제 늙었다. 아기가 자꾸 태어나 농촌의 흙과 강과 수풀이라는 젖줄기를 물고 있어야 균형 잡힌 조화와 신진대사가 이루어지는데, 나이 먹은 사람만 있으니 활력이 없고 생각도 낡았다. 오래전부터 귀농운동이 일어났지만 지금은 그마저도 줄어들고 돈 있는 사람들의 귀촌만이 어지러울 뿐이다. 이와는 반대로 도시는 모든 것이 넘쳐흐른다. 모든 것이 넘치고 넘쳐 너무 한곳으로 쏠려 있기에 균형과 조화를 이루어야 할 푸른 노동과 건강한 여유가 없다.

1950년대 미국의 경제 봉쇄를 이겨내기 위한 쿠바의 유기농 도시 텃밭농사는, 이제는 단순히 굶주림을 면하기 위한 것을 넘어서 지속 가능한 한 나라의 경제 모델이 되었다. 서울을 비롯한 우리나라의 여러 도시에서 도시 농부들이 텃밭(옥상 등) 농사를 일구어 간다면 거기에는 트랙터, 콤바인이라는 과잉 기술이 필요 없다. 농촌의 헛간 구석에 녹슨 채 방치돼 있는 호미와 괭이, 낫 따위를 포함해, 뿌리고 가꾸고 거두어 갈무리하고 가공하는 데 필요한 간단한 전통 농기구면 충분하다. 그것은 도구와 연장의 부활을 넘어 땅에 작용하는 푸른 노동을 통한 건강한 정신의 맥 잇기 운동이기도 하며, 여러 도시문제의 해결이기도 하다. 이것이 도시를 넘어 도시를 둘러싸고 있는 외곽 농촌으로 확장해 나간다면, 또 다른 하나의 독특한 문화 형식을 만들어내게 될 것이다.

방편의 또 하나는 각 군郡마다 전문대 수준의 농업대학을 설치해 중학교를 졸업하는 십칠 세 이상부터 육십 세 이하까지 현재 농부이거나 미래 농부를 꿈꾸는 사람들에게 전액 무상교육을 시키는 것이다. 그리고 이 학교의 졸업생들에게는 농촌에 정착할 땅과 자금을 지원하는 것이다. 그리하여 기계기술에만 의존하지 않고 가족농 중심의 전통 유기농업기술을 전승하고 새로운 농촌사회의 주역이 되게 지속적으로 교육을 이어 가야 한다. 이런 유의 파격이 아니고서야 어떻게 농업의 미래를 이야기할 수 있으며, 민족의 장래를 점칠 수 있으랴.

이 글은 도감圖鑑이되 도감의 성격을 피하려 노력했다. 잡다구지레한 박물지博物誌 같은 것도 마음에 차지 않긴 마찬가지다. 그래서 간단한 연장 자루 하나에도 지문처럼 박혀 있는, 그것을 만들고 쓰고 건사하는 과정에

얽혀 있는, 과거이되 현재이며 지속 가능한 미래여야 할 우리들의 이야기를 투사했다. 때문에 문학이며 역사이며 철학일 수밖에 없는 이 글은, 우선 내 아들딸들과 내가 가르치는 학생들이 읽었으면 좋겠다. 현재 농촌에서 농사짓고 있는 젊은 농군들과 귀농인들이 읽는다면 더욱 좋겠다.

이 글을 정리해 준 아내에게 이루 말할 수 없이 고맙다. 또한 부족한 원고를 가다듬어 사진과 함께 편집해 주신 열화당에 감사드린다. 열화당은 곡식 농사와 마찬가지로 글이라는 종자를 가지고 싹을 틔워 가꾸는 책농사의 현장으로, 이 책을 만드는 과정 또한 이기웅李起雄 선생님이 말씀하신 쌀농사, 책농사, 사람농사가 그대로 실현되는 것을 느낄 수 있었다.

이 글을 쓰면서 농사 연장의 구조와 원리들을 이해하고 기술記述하는 데 박호석朴虎錫, 안승모安承模 선생의 『한국의 농기구』(2001, 어문각)에서 많은 도움을 받았다. 두 분께 감사드린다. 최상일 선생의 『우리의 소리를 찾아서』(돌베개, 2002)에서도 많은 부분을 따 왔으나, 독자들의 읽어냄의 흐름을 방해하지 않기 위해 모두 다 따옴표를 생략하고 따로 출처를 밝히지 않았다. 이해해 주시리라 믿는다. 그 밖에 『우리네 농사 연장』(김재호 글, 이제호 그림, 소나무출판사, 2004), 『한국의 민속공예』(맹인재 저, 세종대왕기념사업회, 1979)도 도움이 되었음을 밝혀 둔다.

마지막으로 귀한 사진을 쓰도록 허락해 주신 황헌만黃憲萬 선생님과 농업박물관에 감사드린다. 특히 황헌만 선생님과의 인연은 삼십 년이 넘어가는데 서로 만난 지 서너 번을 넘지 않은 기이한 것이다. 오래도록 건강하시길 빈다.

2015년 12월
박형진

Preface

What are tools that a farmer uses? The simpler they are, the closer they are to an extension of that person's body. This is even more so for primitive contexts or environments, for example, the stalks that chimpanzees held in order to dig out and eat ants underground. Even thousands of years after the hunting and gathering era, hoes or mattocks still remain simple as they were in primitive times. Ironically, they can still function as tools since they are just parts of the physical body, which can build a village beyond just cultivating farmland and help create a society as well as the norms or cultures that support the society. Therefore, tools are something beyond just tools.

As we all know, farming tools these days are mostly not tools but machines. Machines value efficiency. The attributes of machines that value efficiency precisely match the attributes of the corporate giants that created them, i.e., capital. Therefore, machines operate in their own ways regardless of the will of the farmers using them. Farmers slowly become mechanized, subordinate to capital, and worn out like machines, thereby capable of being replaced. In short, they become consumable. This is contrary to the way farmers remake the tools that become worn out and useless. This is the frightening difference and boundary that prevents a farmer's tools from blending with machines as capital.

Machines also need fuel; and considering the depletion of resources and environmental pollution, we must carefully consider how much more this efficiency obtained from using machines will help humans in the future. At this point, we must reconsider the issue of appropriate technology and speed. Aren't we thoughtlessly using a tractor out of habit on a vegetable garden where a cultivator may be just enough? The act of pouncing on a piece of fish with a straw cutter when just a kitchen knife would be enough is, ironically, similar to the act of creating a situation in which something that cannot be fixed with a shovel while it could have been just as easily handled with a hoe. This issue of speed and appropriate technology is in line with the policy of opening up the nation to imports of agricultural products, which almost completely destroyed Korean agriculture. The youth left the villages, leaving only the elderly, which created rural villages that were empty and desolated. This acceleration began as machines and chemical fertilizers were introduced to farms in order to replace human resources.

In the process of mechanizing agriculture, we must admit that we are intoxicated by the idea of 'convenience' in an effort to break free from the hard labor. Using a tractor one time easily deals with dozens of work processes and tasks that are otherwise done by cows, plows, harrows, rakes and mattocks. Agricultural lifestyle and traditional culture are completely destroyed by such 'mechanization=speed=profits' in a short period of time. Our sorrow lies here, because we replaced the things we encounter in the process of holding a mattock and digging up the earth–the past and present, the old me and the new me, solidarity through the land, spiritual bonds with nature and the universe, and a sustainable future–with convenience. In other words, each farmer is a living museum filled with the past and various experiences, but these farmers are now voluntarily throwing away their mattocks and turning into machinists without identity or soul.

Even a trivial dung dipper requires mountains, fields, sunlight, water, winds, a long time and the skilled devotion of human effort and experience in order to take its shape. Thus, tools include souls. As we use the tools we made ourselves for a long time, or the tools that were passed down from grandfathers and fathers, they can be a part of ourselves. But nowhere in any rural village can we now find farmers using these tools at work. Change is good; but this change is based not on continuous narration but on severance due to denial. I first began to write this text because I, as a farmer, felt bad about these vanishing things. Another reason for reflecting on this is because I have pride as a farmer who has been farming on this land for over 40 years.

Organopónicos (organic urban farms) that were organized in Cuba to overcome the economic blockade imposed by the U.S. in the 1950s became the nation's sustainable economic model and symbolized more than just overcoming hunger. If various cities in Korea including Seoul are to have urban farmers and cultivate vegetable gardens (rooftops, etc.), there is no need for excessive technology such as tractors or combine harvesters. Simple traditional farming tools such as hoes, mattocks and sickles rusting away in a corner of the barn are enough for sowing, tending, harvesting, storing and processing. This is a movement to carry on the legacy of the healthy human spirit through green labor not merely the revival of tools and instruments, and it is a solution to various urban problems. If this is expanded to the outskirts of rural villages surrounding the cities, it will create a unique new form of culture.

This book is a pictorial book, and yet it tries to avoid the character of a pictorial book. All kinds of histoires naturelles are not satisfactory, either. Thus, this book projects our stories, which consist of the past, present and sustainable future in the process of making, using and keeping a simple tool piece. I hope this text, which includes literature, history and philosophy, is read by my children as well as my students. It would be even better if it were read by young farmers currently farming in rural villages or people who are turning to farming.

December, 2015
Park Hyeongjin

차례

콤바인이 일반화되기 전의 벼의 탈곡은 경운기에 피대皮帶를 걸어 동력을
전달하는 탈곡기를 이용하는 것이 대부분이었다. 소달구지에 볏단을
실어 나르는 모습에서 과거와 현재가 교직되고 혼재되어 머잖아
전면적으로 기계화될 우리 농촌이 예견된다. 전라북도 부안군, 1983.

갈퀴

갈퀴는 가볍고 부푼 것을 긁어모을 수 있는 연장이다. 곡식을 타작할 때 짚검불이나 보릿짚 검불, 콩깍지나 조 북섬이 들을 긁어내어 알곡만 모을 수있게 하고, 산의 솔갈비(솔가리)나 낙엽을 긁어모아다 땔감이나 퇴비를 만들 때 사용하기도 한다. 또 깨처럼 작은 씨앗을 땅에 뿌릴 때 갈퀴로 흙을살살 긁어 조금만 묻어 줘야 싹이 잘 나온다. 갈퀴는 검불 따위를 긁어모으는 연장이지만, 씨앗을 끌어 묻는 연장으로도 쓸 수 있는 셈이다.

갈큇발은 주로 대나무로 만드는데, 대나무는 십이월이나 일월, 즉 한겨울에 베어낸 것으로 만들어야 질겨서 오래 쓴다. 대나무가 없는 곳에서는산의 물푸레나 싸리나무를 베어다가 발을 만들고, 곧고 가벼운 나무로는자루를 만든다. 이것들도 이파리가 다 떨어진 겨울에 베어야만 질기고 좀벌레가 슬지 않는다.

대나무가 됐든 싸리나무가 됐든 갈큇발을 만들 땐 베어 온 재료를 말리지 않고 바로 아궁이 불에 살살 구워서 구부려야 한다. 대나무는 육십 센티정도의 길이와 손가락 굵기의 크기로 쪼개서 구워야 하고, 물푸레나 싸리는 쪼개지 않고 그냥 통째로 구워서 구부린다. 그런 다음 지푸라기나 적당한 끈으로 펼쳐지지 않게 묶어서 그늘에 말리는 것이다. 만일 이러지 않고먼저 말린 후에 불에 구우면 구부러지지도 않을뿐더러 그 전에 이미 타 버린다.

단단하게 말린 갈큇발은 묶었던 끈을 풀어도 구부러진 모양이어서 부챗

대나무 발로 맨 갈퀴로 탈곡한 벼의 검불을 긁어내고 있다. 갈큇발의
구부러진 정도가 한결같고 부러진 게 없는 걸로 보아 함부로 쓰지 않은
표시가 난다. 경기도 파주시 광탄면, 1980.

살처럼 벌리고 엮어 자루에 묶어 쓰고, 대나무 밭도 없고 산도 없는 곳에서는 굵은 철사를 구부려서 갈큇발을 만든다. 갈큇발을 자루에 엮을 때는 아주 단단하게 조여 매야 하기 때문에 대개 산의 칡넝쿨을 사용한다. 칡넝쿨도 '뻗발이'라 하여 마디가 길고 굵기가 같은 그해에 자란 것을 걷어다 쓰는데, 처음 엮을 때에는 당기면 고무줄처럼 조금 늘어났다가도 마르면 점점 옥죄어져서 나중에는 갈큇발이 꼼짝달싹 않는다.

갈퀴는 특히 비를 맞히면 안 된다. 비를 맞히면 갈큇발이 구부리기 전처럼 뻐드러져서 잘 긁히지 않기 때문이다. 씨앗을 뿌리고 갈퀴로 긁어 덮을 때도 대나무발이나 싸리발 갈퀴는 땅의 물기 때문에 뻐드러지므로 철사로 맨 갈퀴를 써야 한다. 보관할 때에도 벽에 못을 박고 걸어 두거나 갈큇발이 땅에 닿지 않게 거꾸로 세워 두어야 한다.

갈퀴는 쓰다가 발이 한두 개 부러지는 경우가 있는데, 이런 때에도 그냥 쓰는 게 좋다. 발을 갈아 끼우려면 엮은 것을 죄다 풀어헤쳐야 되지만, 그보다도 갈아 끼운 발의 구부러진 정도가 쓰는 동안 전체적으로 적당히 뻐드러진 기왕의 발과는 서로 맞지 않기 때문이다. 그러니까 갈아 끼운 발이 너무 옥아서 검불을 긁으면 그곳에만 끼고 잘 빠지지 않기 때문이다. 오히려 더 불편한 것이다.

지금도 해마다 정월 대보름이 돌아오면 조리 장수가 돌아다니며 복조리를 사라고 외치는 것을 볼 수 있다. 그 조리를 사서 안방 문설주에 걸어 놓으면 돌은 나가고 곡식만 조리에 소복소복 담기듯 복이 담길 것이란 생각을 했는데, 갈퀴도 무엇을 자꾸 긁어모으는 것이라 새해 첫날에 갈퀴를 매는(만드는) 풍속이 남아 있다.

달걀 망태

달걀 망태는 말 그대로 달걀을 넣어 두는, 짚으로 짠 그릇이다.

밑판은 둥글고 판판하게 짜서 휘어 올라가다가 약 삼십 센티 높이쯤에서 지붕처럼 둥글게 마무리를 하며, 맨 꼭대기에는 걸어 놓을 수 있도록 고리 모양의 손잡이를 만들었다. 달걀을 넣거나 꺼내기 쉽게 옆에 네모진 구멍을 만들며, 닭이 알을 낳는 둥우리로 쓸 때는 망태를 좀 크게 짠다. 하지만 둥우리는 초가지붕의 맨 위에 덮는 용마름을 약 오십 센티 길이로 엮어 뒤집은 다음 네 귀에 줄을 매달아 만드는 게 보통이며, 달걀 망태는 대부분 자그마하게 만들어서 달걀만 넣어 둔다.

닭은 항시 봄에 병아리를 까는데, 초여름쯤엔 중간 크기로 자라고 곡식을 많이 주워 먹는 가을부터는 알을 낳기 시작한다. 시골의 농사짓는 집에서는 거의 다 닭을 키워서 여름엔 더위를 이기는 음식으로 백숙이나 삼계탕을 해 먹고, 암탉은 아껴서 알을 낳도록 한다. 암탉이 낳은 첫 알은 보통 달걀 크기의 반 정도밖에 되지 않지만 이후로는 점점 큰 것을 낳는다.

달걀은 어둡고 서늘한 곳에 두어야 한다. 그렇지 않으면 오래지 않아 숨 구멍(달걀 한쪽의 껍질 안에 있는 얇은 막으로 된 공간)이 떨어지고 곯게 돼 귀에 대고 흔들어 보면 철렁철렁 소리가 난다. 따뜻한 곳에 놓아 둔 달걀은 병아리가 되려고 노른자위에 박혀 있는 점에서 눈이 자라기 시작하는데, 어미닭이 품지 않으면 삼사 일 자라다가 더 이상은 자라지 못하고 곯는다.

짚으로 짠 달걀 망태다. 아가리를 크게 해서 암탉이 드나들게 했으며,
알을 낳는 둥우리로 쓰기도 했다. 둥우리는 용마름을 틀어서
좀 허름하게 만드는 게 보통이다. 전라북도 임실군 덕치면, 1983.

그러므로 병아리를 깨는 때가 아니면 달걀은 따뜻한 곳에 오래 두지 말아야 하고, 날씨가 많이 더운 때에는 달걀 망태보다는 광에 있는 보리 항아리 속에 묻어 두어야 한다. 왜냐면 보리는 추운 겨울을 나는 곡식이라 그 성질이 몹시 차서 달걀이 싱싱하도록 해 주기 때문이다.

하나하나 모은 달걀은 가끔씩 찜으로 만들어 식구들의 귀한 반찬이 되거나, 힘들게 일하는 사람이 날것으로 하나씩 먹을 수 있는 훌륭한 음식이었다. 또 팔거나 다른 생필품으로 바꿀 수 있는, 가용 돈이기도 했다. 지금은 달걀을 보통 한 판(서른 개) 단위로 사고팔지만, 옛날에는 한 줄이라고 해서 깨끗한 지푸라기 밑동을 반 줌 정도 되게 묶어서 달걀을 차례차례 싼 다음 다시 칸칸마다 지푸라기 올로 열 개를 묶어서 꾸러미를 만들고 이것을 사고팔았다. 물론 낱개로도 사고팔았다.

닭은 날마다 알 낳는 시간이 거의 정해져 있다시피 하여, 검정 놈이 오늘 아침 여덟시에 알을 낳았다면 내일도 그 시간쯤 알을 낳고, 누런 놈이 어제 열시에 알을 낳았다면 오늘도 그 시간쯤에 알을 낳는다. 만일 두 놈이 알 낳는 시간이 비슷하고 둥우리는 하나라면, 먼저 자리잡은 놈이 알을 낳는 동안 다른 놈은 그 둥우리를 차지하려고 먼저 놈을 귀찮게 하거나 급하면 다른 곳에 알을 낳는다. 그런데 그 다른 곳이 옆집의 둥우리라면 낭패 아니겠는가.

닭은 그렇게 한번 버릇이 잘못 들면 다음부터 계속 남의 집 신세를 지는 경우가 있다. 옆집 사람은 신이 나는데 정작 닭 주인은 영문을 모르고 애써 모이만 더 주게 되는 것이다. 그래서 닭을 많이 기르면 둥우리도 두세 개씩 만들어 달고, 달걀 망태도 몇 개는 있어야 한다. 한번 잘못 버릇 든 닭, 애먼 데 알 낳는 꼴을 못 보는 사람은 알 낳을 시간에 닭을 붙잡아 알집에 손을 넣어 미리 달걀을 꺼내 버리는, 재미있는 일도 종종 있었다.

닭들의 알 낳는 시간을 일일이 알지 않아도 낳을 때가 되면 닭은 알 저는 소리라 해서 둥우리에 올라앉기까지 옹알이를 하는데, 사람으로 치면 아마도 배가 아프다는 소리일 게다. 그래도 누군가 거드는 산파가 없으면 혼자 알을 낳고, 아들인지 딸인지도 모르면서 꼬꼬댁 꼬꼬댁 큰 소리를 쳐 주위에 알린다. 그러면 바람둥이 남편만이 그런 아내를 퍽이나 자랑스러워하여 지렁이를 잡아 놓고는 먹으라지 않던가.

달걀만 넣어서 시원한 곳에 걸어 둘 수 있게 만든
조그맣고 깜찍한 달걀 망태다.

잿박

지금도 시골집엔 겨울이 되면 아궁이에 활활 불을 지피고 식구들끼리 아랫목에 모여 앉아 정답게 이야기꽃을 피우는 모습을 볼 수 있다. 밖에는 센 바람이 불고 검은 구름장은 사납게 하늘을 달리며 눈을 쏟기도 하지만, 겨울 채비를 끝낸 아늑한 집 울안 따뜻한 아랫목은 아무 걱정이 없다.

일 년 동안 논과 밭에서 일하느라 힘들고 지쳤던 사람들은 겨울의 눈이 오히려 반갑기도 하다. 한동안 마음 편히 쉴 수 있기 때문이다. 그러나 눈이 그치고 날이 좋아지면 겨우내 땔 땔감을 마련하기 위해 지게를 지고 모두 산으로 나무를 하러 간다. 오랜만에 높은 산을 오르내리며 힘껏 나무 한 짐을 해서 지고 집에 와 마당에 부려 놓으면 그 또한 몸과 마음이 상쾌하다. 그렇게 쏙소리 나뭇단은 마당에 쌓여 가고, 장작 나무는 마루 밑이나 볕 드는 곳에 쌓여 간다. 그러다가 인제 큰 눈이 오면 초가집 처마 끝엔 고드름이 달리고 아침저녁으로 굴뚝엔 흰 연기가 더 많이 피어 올라간다. 거기엔 구수한 김칫국 냄새가, 청국장 냄새가 섞여 있다.

잿박은 잿고무래와 더불어 아궁이의 재를 퍼낼 때 쓰는 그릇이다. 아궁이에 아침저녁으로 불을 지피면 나무가 타고 난 다음엔 회색 재가 생기는데, 재가 아궁이에 많이 쌓이면 나무 사이에 공기가 잘 통하지 않기 때문에 불이 잘 피지를 않는다. 그래서 하루에 한 번은 꼭 재를 긁어내 줘야 하고, 가능하면 아침에 해야 된다. 덜 사윈 불씨 때문에 만에 하나 잿간에 불이 나게 된다면 사람 눈에 띄기 쉬워야 하기 때문이다. 잿박은 재를 긁어내서

재를 긁어 담는 바가지란 뜻의 잿박은 이처럼 짚으로 짜기 때문에 짚삼태기
혹은 재소쿠리라고도 한다. 엄밀히 말해서 소쿠리란 삼태기의 앞 터진 부분의
운두를 약간 높인 것이긴 하다. 전라북도 장수군 천천면, 2002.

담는 바가지란 뜻이지만 짚삼태기를 말한다.

짚삼태기는 U자 형의 나무 테에 새끼로 날줄을 늘여서 뒤쪽의 휘어진 부분은 운두가 높게, 앞 터진 부분은 바닥과 똑같게 운두를 낮게 엮어서, 고무래나 괭이로 곡식이나 흐트러지기 쉬운 물건을 긁어 담기 좋게 만든 그릇이다. 재를 퍼낼 때는 아궁이 입구에 이 삼태기를 대고 잿고무래로 아궁이 안쪽에 있는 재를 긁어내면 재가 이 삼태기에 담긴다. 이걸 들어다 잿간에 쏟아붓는 것이다. 지역에 따라서는 이 잿박 삼태기를 재소쿠리라고도 한다. 앞서 말했듯이 잿박이란 재를 담는 바가지 그릇이란 말인데, 짚으로 짠 삼태기를 잿박이라 하기엔 알맞지 않은 느낌이 든다.

어쨌거나 아궁이의 재는 자주 긁어내야 불이 잘 피고, 또 방구들의 고래가 막히지 않는다. 지푸라기를 나무 대신 때는 들녘 집에서는 재가 많이 생기므로 불을 땔 때마다 재를 긁어내 줘야 하고, 산골 집이라도 솔가지나 거섶, 북덕새 따위의 검부나무를 많이 땐다면 재를 자주 긁어내야 한다. 장작은 재가 가장 적게 나오고, 그 중에서도 단단한 나무 장작일수록 재가 적게 나온다. 그러나 어떤 경우라도 하루에 한 번은 긁어내 줘야 좋다.

재는 거름으로 아주 중요하지만, 잿물을 내려서 빨래하는 데도 쓰고 옹기 굽는 데 바르기도 한다. 지푸라기를 태워서 생긴 재를 보자기에 깔고 시루에 넣고 물을 조금씩 부으면 잿물이 우러나는데, 이 물로 빨래를 하면 때가 잘 빠진다. 콩나물시루에 짚을 태운 재를 뿌려 주면 콩나물이 잘 자란다.

발과 거적

고드름 고드름 수정 고드름
고드름 따다가 발을 엮어서
각시방 영창에 달아 놓아요.

겨울이 되면 초가지붕의 처마 끝엔 고드름이 날마다 키를 더해 가서 한 발씩이 넘게 매달려 있는데, 그 맑고 깨끗한 고드름이 참 좋아서 시인은 그만 따다가 발을 엮고 싶었나 보다. 그리고 그 발은 수줍어서 밖에도 잘 쳐다보지 못하는 각시방의 영창에 달아 드려야겠다고 생각했다. 수정과도 같은 그 발을 달아 드리면 비로소 각시는 고개를 들어 밖을 쳐다볼까 하는, 시인의 천진한 마음이 이 동요에 잘 드러나 있다.

그러나 고드름으로 엮은 발은 언젠가는 녹아서 없어지겠지. 녹아서 없어질 것을 생각하는 사람은 고드름 발을 엮을 생각도 하지 않을 테고, 이처럼 아름다운 시는 더욱 쓰지 못한다. 무릇 천진함이란 이것저것 따져서 계산을 하지 않는 어린아이의 마음인데, 그 마음을 가진 사람들이 많아야 세상은 아름다워지지 않을까 싶다.

고드름 발도 엮으면 아름답겠지만, 고추나 호박고지, 토란대, 무말랭이 따위와 산에서 뜯은 나물이나 채소 같은 걸 말리는 데 쓰려고 대, 싸리, 갈대, 쑥대, 수수깡 따위로 엮는 발도 수수하고 아름답기 그지없다. 이러한 발은 바람이 잘 통해야 그 위에 넌 것이 잘 마르므로 촘촘하게 엮어도 안

되고 너무 넓고 길어도 쓰기가 알맞잖다. 그래서 보통 가로 세로가 백오십 센티를 넘지 않지만, 엮는 재료에 따라서는 길이가 조금씩 다르다.

갈대나 쑥대의 키는 크지 않으니 발도 가로 백 센티에 세로 백오십 센티를 넘지 않을 것이며, 싸리발도 그 정도일 것이다. 대나무는 길기 때문에 가늘게 쪼개서 가로를 이백 센티 정도 되게 하면, 세로는 반대로 백오십 센티 정도 되게 한다. 발에 널어 말리는 것들은 대개 양이 많지 않지만, 깨끗하게 해야 되는 것들이라 발째로 그대로 들어다가 어디 높지막한 데 옮기거나 대청 같은 데 들여놓아야 되므로, 이처럼 작고 성글고 가벼워야 되는 것이다.

수수깡으로 엮는 발은 바싹 마른 수숫대의 매끈매끈한 부분만 남기고 이파리인 겉껍질은 다 벗겨내야 한다. 발을 엮는 재료들은 늦가을에서 이른 봄 사이에 베어서 말려야 되고, 특히 쑥대는 대가 말라 죽기 전에 베어야 한다. 엮는 끈은 가늘게 꼰 삼노끈이 최고이지만, 피나무 껍질을 벗겨서 꼰 노끈도 좋고 바닷가에서 나는 왕골 노끈도 좋다.

엮을 때는 나무로 만든 틀과 노끈을 감은 고드랫돌을 써서 엮지만, 보통은 식구들끼리 앉아서 손으로 엮는다. 미리 재료의 길이가 똑같게 작두로 잘라 주고 다듬어야 되고, 굵은 밑동과 가는 우듬지를 섞바꾸어 엮어야 한다. 그러지 않으면 밑동 쪽만 길이가 늘어나기 때문이다.

엮는 끈은 엮으려는 길이의 1.7배에서 2배까지 길어야 한다. 그것도 겹친 길이가 그러해야 한다. 그래야 중간에 이음매 없이 알맞게 엮을 수 있고, 이것을 최소 석 줄(양 끝의 두 줄과 가운데 한 줄)이나 다섯 줄까지 엮어야 발도 단단하고 예쁘다. 그러니까 폭이 일 미터 정도 되는 발은 석 줄이 알맞겠고, 백오십에서 이백 센티에 이르는 것은 다섯 줄이 적당한 것이다. 그런데 여기서 한 가지! 이 치렁치렁하게 긴 끈을 어떻게 앞뒤로 넘겨

쑥대 발을 엮어서 출입문 앞에 달았다. 발은 가벼워야 하므로 성글게
엮어야 하고 너무 크지 않아야 한다. 전라북도 부안군 변산면 모항, 2015.

처마 밑에 매달아 둔 게 거적이다. 짚으로 엮었기에 바닥에 놔두면
썩거나 쥐가 쏠므로, 쓰지 않을 땐 이와 같은 방법으로 보관한다.
강원도 삼척시 도계읍 신리, 1977.

가며 엮을 수 있을까. 앞서 고드랫돌에 감아서 엮는다는 말도 했지만 그것은 발을 전문으로 만들 때의 얘기고, 식구들끼리 앉아 손으로 엮을 때에는 밤얼기라는 것을 만들어야 한다. 두 겹으로 겹친 끈의 머리 부분을 설렁하게 한 번 매듭을 지은 다음, 손바닥에 한 겹을 쥐고 뒤집었다 엎었다 하면서 얽은 밤얼기 뭉치는 속에서부터 줄줄줄 노끈이 나오도록 돼 있으므로 꼭 이걸 만들어서 엮어야 한다. 그런데 지금은 어른도 할 줄 아는 이가 없다. 잘 만든 발, 할아비가 엮어서 손주까지 쓰는 발을 보고 싶다.

거적도 발처럼 엮지만, 대부분은 섬틀이라고 부르는 나무로 만든 틀을 써서 새끼로 엮었고, 재료는 짚이므로 발처럼 매끈하지 않아서 이것에 널어 말리는 것도 고추 정도이다. 추울 때는 얼지 말라고 김장독을 싸매거나 바람이 들어오는 벽에 둘러치기도 했으며, 온상(비닐하우스) 같은 데 덮어서 속에 있는 식물이 어는 것을 막았다. 폭과 길이는 쓰임새에 따라 각기 다르지만 보통은 폭 일 미터에 길이 이 미터 정도인데, 어촌에서 새우나 멸치 따위를 삶아 말리는 데 많이 썼다. 온상에 덮는 것이 더 크고 두께도 훨씬 두껍다.

극젱이

소가 끄는 쟁기는 크게 두 가지가 있는데, 그 중의 하나가 극젱이다. 극젱이는 쟁기와 비슷하게 생겼지만 크기가 좀 작고 가벼우며, 보습은 쟁기 보습보다 좀 크나 흙을 한쪽으로 넘기는 볏이라는 게 없다. 그러므로 논에서는 쓸 수 없고, 밭에서 이랑을 만들거나 고랑에 난 풀을 득득 긁어 없애고 북을 주는 데 쓴다. 돌이나 나무뿌리가 많은 산골의 비탈밭에서는 쟁기 대신 땅을 가는 데 쓰기도 한다. 이렇기 때문에 산간 지방에서는 극젱이를 끌쟁기 혹은 깔쟁기로도 부른다.

극젱이는 가벼워서 소 대신 사람이 멜빵을 해서 어깨에 걸고 끌기도 한다. 이렇게 처음부터 멜빵을 해서 끌기 좋게끔 채라고도 하는 성에를 가랑이가 갈라진 나무로 만든 극젱이를 인걸이라고 부르는데, 이것은 사람에게 걸어서 끈다는 뜻이다. 지금도 가난한 산골 마을에서는 평생 농사일만 하며 마주 보고 살았을 것 같은 늙은 부부가 극젱이를 끌며 일하는 것을 가끔 볼 수 있다. 고단하되 아름다운 삶이다. 그를 보고 있노라면 무언지 모를 것이 치밀어 올라 가슴이 뭉클하고 눈시울이 뜨거워진다.

극젱이를 끄는 게 힘들기는 하지만, 사정에 따라서는 쉬운 일이기도 하다. 가령 좁은 밭고랑 사이에 풀이 많이 나 있는데, 하루나 이틀 동안에 김을 다 매지 못하면 풀이 자라는 속도가 워낙 빨라서 사흘 나흘째는 일손이 곱절로 들게 된다. 힘은 들어도 둘이서 교대로 극젱이를 끌면서 풀뿌리를 우선 긁어 놓기만 하면 그 이튿날은 좀 쉬어 가면서 풀을 추려내고 북을 주

소에 극쟁이를 매어 밭고랑을 내고 있다. 길이 잘 들지 않은 소는 사람이
앞에서 고삐를 잡고 끌어야 한다. 강원도 삼척시 도계읍 신리, 1983.

며 일을 수월하게 마칠 수 있기 때문이다. 예부터 "김은 꼼꼼하게 한 번 매
느니 설렁설렁 두 번 매는 게 곡식에게 좋다"고 했다. 꼼꼼하게 매다 보면
끝날 무렵에는 풀이 곡식들의 영양분을 많이 빼앗아 먹어서 곡식보다 더
커 있을 것이며, 처음 맨 곳에도 풀이 또 우거져서 다시 매야 한다. 그러나
설렁설렁 두 번 매 주면 풀보다 곡식들이 먼저 자라서, 설령 풀이 또 난다
해도 힘을 펴지 못하는 것이다.

　바쁠 때는 극쟁이로 고구마와 감자도 캔다. 늦은 가을철에 여러 날 호미
로 고구마를 캐다가 서리라도 맞게 되면 고구마는 십중팔구 썩기 마련이
어서, 소의 발에 밟혀 더러 상하더라도 극쟁이를 들이대고 두둑을 파헤쳐
간다. 그러면 사람 둘이서 뒤에 따라다니며 고구마가 흙에 다시 묻히기 전
에 재빨리 주워낸다. 그렇게 고구마나 감자를 캐내고 나중에 다시 한번 밭
을 갈면서 나머지를 주워내면 일이 한결 수월하다.

풀을 득득 긁거나 밭고랑을 낼 수 있어, 산간지방에서 많이 쓰는 극쟁이이다.

닭의 어리

정월 대보름이 되어 연鳶을 날리는 아이들을 보면 어른들은 항상 이런 말씀을 하셨다. "연 오늘까지 띄우고 액막이 시켜라, 잉? 불도 오늘까지만 놓고 낼부텀은 놓면 못써, 알었지?" 그러면 아이들은 그 말이 지켜지지 않으면 안 될 동네의 약속인 줄 잘 알아서 다음 날부터는 연을 날리지도 쥐불을 놓지도 않는다. 하지만 왜 그래야 하는가는 알지 못하다가 어른이 되어서야 비로소 그 까닭을 안다. 바람 때문이다.

우리나라는 북서 계절풍이라고 하는 차가운 바람이 겨우내 북쪽 산에서 바다 쪽으로 불다가 정월 대보름이 지나면 이번에는 방향이 바뀌어 남쪽 바다에서 산으로 불어 간다. 봄이 오느라 따뜻한 남풍이 부는 것이다. 그런 때에 쥐불을 놓으면 산으로 번져 귀중한 나무들을 다 태워 버릴 건 뻔한 일이다. 액을 가져가는 연도 북풍을 받고 바다 쪽으로 띄워서 멀리멀리 떠내려 보내야 하는데, 그 반대편 산으로 가 나무숲에 걸려 있으면 보기 싫을 게 뻔한 일이다. 그래서 대보름 이후에는 그런 놀이를 하지 말란 것이었다.

물론 보름이 지나서도 바람이 아직 바뀌지 않는 경우가 있지만, 보름을 쇠고 나면 날이 풀리는 우수쯤 되는지라, 바람도 점차 남풍으로 변해 간다. 꼬마들에게서 받는 어른들의 이런 다짐 속에는 오랜 경험을 통해서 계절의 변화를 미리 짐작하는 지혜와 함께, 이제 그만 놀고 때 맞춰 농사일을 준비하고 시작해야 한다는 농경민족의 말없는 가르침이 스며 있다. "밥도 아홉 번 먹고 나무도 아홉 짐 해 와야 한다. 잉?" 하시지 않던가.

"소리개 떴다, 병아리 감춰라." 어리는 소리개나 족제비들로부터
병아리와 어미닭을 보호하기 위한 닭들의 이동식 주택이다.
전라북도 임실군, 1994.

이런 대보름이 지나고 이월쯤 되면 산과 들에는 온갖 새싹들이 고개를 내민다. 이때 다른 짐승들도 그렇겠지만 가장 부지런해야 하는 건 닭들이다. 겨우내 마당 한 귀퉁이의 두엄자리나 헤집어 뭘 조금씩 주워 먹던 놈들이라, 날이 따뜻해지면 텃밭으로 나가 어린 새싹들을 쪼아 먹어 양분을 보충하고, 흙을 파서 몸에 끼얹어 샤워를 하고, 병아리를 깨기 위해서 한동안 부지런히 알을 낳아야 하기 때문이다.

닭은 많게는 일 년에 두 번, 봄가을에 병아리를 깨고(가을에 깨는 병아리를 '서리병아리'라 한다), 그렇지 않으면 대개는 이른 봄에 한 번 병아리를 깰 줄 아는데, 어미닭이 달걀을 낳고도 둥우리에서 내려오지 않으려 하면 그때가 새끼를 깨려는 때이다. 그러면 그동안 모아 둔 달걀을 보통 열댓 알에서 스무 알 정도 넣어 주는데, 그렇게 깨인 병아리를 둥우리에서 내려서 햇볕 잘 드는 따뜻한 마당 한쪽에 물과 모이를 주고 가두어 두는 우리가 닭의 어리이다. 가두어 둔다고 해서 닭가리라고도 부른다. 닭이 가장 무서워하는 것은 하늘을 빙빙 도는 소리개(솔개)와 족제비와 살쾡이다. 특히 소리개는 병아리를 아주 좋아하는데, 어리는 이들로부터 병아리와 어미닭을 보호해 주는 역할을 한다.

어리는 대나무를 쪼개거나 싸리나무를 통으로 결어 만드는데, 모양은 원통형이거나 반원형이다. 원통형은 지역에 따라서는 장태라고도 불렀으며, 밤에 큰 닭들을 가두는 데 많이 쓴다. 동학농민전쟁 때 일본군의 총알을 피하기 위해 이 장태를 굴리면서 싸운 농민군 지도자가 있어 그를 장태장군이라고도 불렀다.

병아리가 조금 크면 어리를 나와 어리 주변을 돌아다니면서 모이를 주워 먹을 수 있도록 어리의 한쪽을 병아리가 드나들 정도로만 돌멩이나 나무 토막으로 괴어 두기도 한다. 병아리가 더 크면 어미닭까지 내놓아 병아리를 데리고 다니며 모이 찾는 법을 가르치게 하는데, 갑자기 소리개가 뜨면 어미닭은 구구구구 소리를 쳐서 급히 병아리들을 불러들인 다음 양 날개 속에 몰래 감춰 놓는다. 잠잘 때도 마찬가지다. 병아리가 어느 정도 크면, 병아리를 못 깬 이웃집에 나눠 주기도 한다. 수탉 없이 낳은 알은 무정란無精卵이라 해서 병아리를 깰 수 없다.

아빠가 방바닥에 등 대고 누워 어린아이를 두 발로 번쩍 들어 올리며 "소리개 떴다, 병아리 감춰라" 하는 놀이도 있다.

끙게

나락을 심으려면 모두 세 번의 논 갈기를 해야 한다. 초벌의 논을 갈아 놓았는데 비가 오지 않고 가문 날이 계속되면, 두벌갈이를 할 때는 세 곱의 힘이 든다. 왜냐면 초벌갈이 때는 쟁기의 보습이 땅에 깊이 들어가지 않게 조절을 해서 갈린 흙이 가운데로 쌓여 두둑이 만들어지게 하는 것이지만, 두벌갈이 때는 초벌갈이 때 생긴 두둑과 두둑 밑의 생땅까지 갈아서 또다시 한 두둑씩 만들어지게 해야 하기 때문이다. 그러니까 쟁기가 한 번 지나갈 때 떠넘기는 흙의 양이 초벌갈이의 두 배가 되는 것이라, 비가 오지 않아 땅조차 굳어 있으면 세 곱절의 힘이 든다는 말이다.

그래서 처음부터 삭갈이라 하여 아예 생땅이 없게 갈기도 하지만, 거기 드는 시간과 힘은 같은 반면 나중에 흙덩이를 부술 때 잘 부서지지 않기 때문에 여간해서는 삭갈이를 하지 않고 이랑을 만들며 간다. 논은 이렇게 물 없이 마른갈이를 하든 물갈이를 하든 두벌갈이가 가장 힘들고, 세벌갈이는 판판하게 풀어헤치는 것이라 초벌갈이보다 더 수월하다. 하지만 봄 가뭄이 들면 논은 세벌갈이를 해도 흙덩이는 풀어지지 않고 그대로일 때가 많다. 늦게라도 비가 오면 바로 써레질을 하고 논을 골라서 모내기를 할 수 있지만, 그렇지 않으면 흙덩이를 깨서 조나 메밀 따위의 밭곡식을 대신 심어야 한다. 이때 흙덩이를 깨부수는 연장이 끙게다.

넓은 논이나 밭의 단단한 흙덩이를 괭이나 곰방메 따위로 부수기란 처음부터 힘든 노릇이어서 덩이를 부수는 일도 소를 앞세워 하게 되는데, 끙게

사람이 끌게 만든 끙게로, 통나무의 땅에 닿는 부분에 가지가 돌출해 있어
흙덩이가 부서진다. 서울시 마포구 상암동 난지도, 1969.

는 소가 끌고 다니면 흙덩이가 부서지게끔 만든 것이다. 즉 Y자 모양의 통나무 끝에 고리를 채우고 방갯대에 걸어서 소가 끌 수 있게 한 것인데, 통나무 밑에는 다시 서너 개의 통나무를 가로지게 대어서 흙덩이 위로 지나가면 덩이가 부서진다. 흙덩이가 크거나 단단해서 잘 부서지지 않으면 끙게 위에 적당한 돌멩이를 얹거나 뗏장을 얹어서 무게를 더했으며, 흙을 다 질 일이 있을 땐 끙게 위에 아예 사람이 올라타기도 한다. 이 끙게는 소가 없으면 사람이 직접 줄을 메어 어깨에 감고 끌기도 했다.

이와는 다른 모양의 끙게도 있다. 지름 십 센티 정도의 굵고 단단한 가지가 한쪽에 여러 개 달려 있는, 길이 약 일 미터가량의 통나무 일고여덟 개를 두 개의 가로 막대에 십오 센티쯤의 간격으로 붙여서 만든 것이다. 이것은 나뭇가지가 밑으로 향하게 하고 끌고 다니는 것으로, 무논에서 쓰는 써레의 쓰임새와도 비슷하고, 필요하면 위에다 돌이나 뗏장을 얹어서 쓰며, 소 대신 사람이 끌기도 한다.

끙게는 예전에는 끄시게, 끄으레로 불렀다가 나중에는 끌게로 불렀고, 그러던 것을 지금은 끙게로 부른다.

소가 끌 수 있게 만든 이 끙게는, 흙덩이가 더 잘 부서질 수 있게 위에 뗏장이나 돌덩이 같은 무거운 것을 올려놓기도 한다.

매통

지름이 약 칠팔십 센티쯤 되고 길이는 백오십 센티쯤 되는 단단한 통나무는 사람에 따라서 여러 가지 쓰임새를 생각하게 할 것이다. 어떤 사람은 특별한 형상을 조각하기도 할 것이고, 어떤 사람은 갈라서 탁자를 만들기도 할 것이며, 또 어떤 사람은 켜서 판자로 쓰기도 할 것이다. 속을 파내서 절구통이나 나무김칫독, 함지나 구유를 만들기도 할 것이며, 보리밭 다지는 굴레로, 그대로 세워 놓고 무엇인가를 만들거나 올려놓는 받침대로 쓰기도 할 것이다.

좋은 나무는 이처럼 여러 가지 것으로 만들어질 가능성을 가지고 있긴 하지만, 그러나 모든 것을 다 만들 수는 없다. 참나무는 조각을 하기도 적당하지 않고 그릇을 만들거나 도마로 쓰기에도 적당치 않다. 너무 단단해서 연장의 날을 상하게 할뿐더러 결이 일어나기 때문이다. 무르고 가벼운 버드나무는 무거워야 되는 굴레나 벌어지지 않아야 할 함지나 구유를 만들기엔 적당치 않다. 오동나무는 가볍고 불에 잘 타지 않고 습기를 타지 않지만 벌레가 꼬이지 않는 성분도 있어 대개 장롱을 만드는 데 쓴다. 단단하면서도 다루기 쉬운 나무, 가벼워도 질긴 나무, 무겁지만 무른 나무, 끊어지지 않고 휨이 좋은 나무, 썩지 않는 나무, 불에 잘 타지 않는 나무, 그러므로 나무를 잘 아는 사람은 우선 그 나무의 성질과 모양, 벤 시기와 말린 방법, 보관된 모습을 짐작하여 적당하고 필요한 물건을 만드는 것이다.

매통은 단단하고 무거운 나무로 만든, 벼의 겉껍질을 벗기는 나무 맷돌이다. 돌 맷돌처럼 위아래 짝으로 되어 있다. 우선 아래짝은 윗면의 가운

매통 위짝의 함지처럼 둥글게 파인 곳에 나락을 쏟아붓고
좌우 손잡이를 밀었다 당겼다 하면 나락의 겉껍질이 벗겨져
나온다.

데를 볼록하게 만들고 돌 맷돌의 아래짝에 박는 수쇠처럼 나무로 돌개기둥을 만들어 세운다. 돌개기둥에서는 원주 방향으로 마찰을 크게 하기 위해서 부챗살 모양으로 홈을 판다.

위짝의 밑면은 아래짝과 맞추기 위해 오목하게 만들고, 역시 부챗살 모양으로 홈을 파며, 윗면은 벼를 쏟아부을 수 있게끔 함지처럼 둥글게 파낸다. 위짝 역시 돌 맷돌 위짝의 반지 같은 암쇠처럼 아래짝의 돌개기둥에 끼울 수 있게 구멍을 뚫는데, 이 구멍의 지름은 돌개기둥보다 훨씬 크게, 약 육에서 팔 센티쯤 되게 하여 위에 부은 나락이 그 구멍으로 빠져나갈 수 있게 하는 것이다. 이제 매통 위짝의 중간쯤의 양쪽 두 군데에 구멍을 뚫어서 나무로 손잡이를 박으면 된다. 이 손잡이의 높이는 서서 일을 할 경우 어른의 팔꿈치 정도가 되게 해야 편하다.

매통은 지름이 칠팔십 센티쯤 되니까 어른의 팔로 한 아름이 넘는 굵기이고, 위아래 짝을 합한 높이는 약 백오십 센티쯤 되니까 웬만한 사람의 키에 버금가는 정도인데, 이런 매통으로 하루에 약 너댓 가마쯤의 나락을 처리할 수 있다. 앞에서 말했듯이 매통에서는 나락의 겉껍질인 왕겨만 벗겨내는 것이므로 쓿거나 빻지 않고 타는 것인데, 위짝에 나락을 쏟아붓고 양 손잡이를 잡고 회전 방향이 엇갈리게 밀었다 당겼다 한다. 즉 오른손이 당기면 왼손이 밀고 왼손이 당기면 오른손이 밀어, 돌개기둥 구멍으로 들어간 나락이 매통의 위아래 짝에 비벼지면서 껍질이 벗겨져 현미로 나오는 것이다. 이걸 다시 쓿어서 흰 쌀로 만드는 것은 절구통이나 디딜방아의 몫이다.

이 매통도 쓰다 보면 닳아져서 홈을 새로 내 주어야 한다. 그러다 보면 위짝이 더 닳아져서 팔꿈치쯤에 있던 손잡이가 허리께로 점점 내려간다. 그래서 위짝의 무게가 가벼워지면 껍질이 벗겨지지 않으니까 손잡이에 힘을 줘서 누르며 돌리든지 새로 만들어야 한다.

가래

우리나라 농기구 중에는 연장 하나를 사이에 두고 여럿이 힘을 모아 재미있게 일하는 것이 있다. 가래가 바로 그런 연장이다. 가래보다 커다란 연장도 몇 가지를 빼고는 대부분 혼자 쓰게 돼 있는데, 얼핏 보면 삽처럼 생긴 자그마한 연장인 가래를 어떻게 여럿이 쓰게 된 걸까.

우선 생김새를 자세히 보자. 가래는 장부라고 하는 손잡이가 삽자루보다 무려 두 배나 길어서 이 미터 정도이다. 그러나 끝부분은 삽의 삼각형 모양의 손잡이와는 달리 그냥 밋밋하게 두었다. 그 장부와 한 몸으로 만든, 삽날처럼 생긴 가랫바닥이라고 하는 곳에는 말굽쇠 모양의 쇠로 된 가랫날을 끼워 닳지 않게 했다. 특이한 것은, 가랫바닥의 양쪽에 둥근 구멍을 뚫고 장부 길이만큼이나 길게 새끼줄을 매었다는 것이다. 이 구멍과 새끼줄을 군둣구멍과 군두새끼라 하는데, 바로 이것 때문에 여럿이 힘을 모아 재미있게 일을 할 수 있다.

이 가래를 가지고 어떻게 일을 하는지 살펴보자. 먼저 한 사람이 손잡이인 장부를 잡고 흙이나 모래, 자갈 더미에 가랫날을 가져다 대면 양쪽에 벌려 서서 군두새끼를 손에 감아 쥔 두 사람이 똑같이 소리를 지르며 힘을 써서 잡아당긴다. 그러면 흙이 파헤쳐지거나 멀리 내던져진다. 그러니까 가래라는 연장은 이처럼 흙이나 모래, 자갈 더미를 파헤치거나 멀리 내던지거나 바지개, 들것 따위에 실어 주는 연장인 것이다. 삽은 한 사람만이 쓸 수 있지만, 가래는 최소 세 사람이 힘을 합해야 쓸 수 있다.

바닥에 눕혀진 게 가래다. 처음부터 가랫바닥을 삽처럼 쇠로 만들어 구멍에
군두새끼를 매었고, 나무로 장부(자루)를 만들어 끼웠다. 세 몫 한 가래다.

가래질은 이렇게 세 사람을 기본으로 하여 다섯 또는 일곱 사람이 할 수도 있는데, 한 사람은 항상 가운데서 장부를 잡고 나머지는 반으로 나뉘어 양쪽에서 군두새끼를 잡아당겨서 하는 것이다. 그러므로 셋이 하면 '세 몫 한 카래', 다섯이 하면 '다섯 몫 한 카래'라 부른다. 가래 두 개를 이어서 많게는 열 명까지도 가래질을 하는데, 이것은 '열 몫 카래'라 부른다.

평평하게 논을 고르는 따위의 장정들의 품앗이나 일 년에 두세 번 어른들이 다 나와서 해야 하는 마을일의 울력에는 이 가래질이 빠지지 않으며, 가래질소리 또한 뺄 수 없다. 가래질은 빠르고 힘차서 소리 또한 그러하며, 일판의 흥을 돋우어 자연스럽게 다른 일도 힘들이지 않고 할 수 있게 한다. 또한 각자가 마을 공동체의 일원임을 느끼게 하는 중요한 역할도 한다.

오호 가래여

이 가래가 누 가랜공 강태공의 조작인강
청춘 홍안 어디 가고 백발겉이 늙은 놈이
무삼 일로 이카는공

에여차 에여차 또 들어왔네 에여차
이장군은 에여차 과거부터 에여차
맹장군인데 에여차 마음대로 에여차
찡가보자(짊어 보자) 에여차 너는 가고 헤 헤헤야

에헤차 에여차 또 들어왔다 에여차
대들고 에여차 대난다 에여차

이장군은 에여차 박장군인가 에여차

김장군인가 에여차 너는 가고 헤 헤헤야

   이는 경북 지방에 전해 오는 「가래질 소리」다. 하지만 지금은 농촌의 도시화와 그에 따른 공동체의 붕괴로 가래질할 일도 가래도 다 없어졌다. 어쩌다 가래질할 일이 있을 때엔 삽의 목에다가 줄을 걸어서 가래를 대신하기도 하지만, 균형이 잘 잡히지 않아 탐탁하게 되질 않는다.

   가래는 여러 종류가 있는데, 군두새끼 없이 조그마한 삽처럼 쓸 수 있는 납작한 종가래란 것도 있고(어촌에서는 종가래로 낙지를 파낼 때 많이 써서 낙지가래라고도 한다), 괭이처럼 무논에서 흙을 일구는 데 쓸 수 있는 화가래라는 것도 있다. 화가래는 장부와 가랫바닥이 한 몸으로 된 것이 아니라, 가랫바닥에 구멍 하나를 뚫어서 장부를 다른 나무로 해 박았다. 가래나 종가래가 곧은 모양이라면 화가래는 ㄱ자나 +자 모양인 셈이다.

장부(손잡이)까지 한 몸으로 만든 이 가래는, 쇠날을 끼운 모습으로 미루어 보아 아주 오래전에 사용하던 것 같다.

살포

농사 연장은 어떤 것이든 농사꾼의 땀과 한숨이 배어 있어, 만져 보거나 바라보노라면 그이들의 고달팠던 삶의 흔적이 묻어 나온다. 힘찬 남정네가 쓰는 것도 그러한데, 약한 여인네가 쓰는 것이야 말할 나위가 없다. 남정네들과 똑같이 모심고 김매고, 타작마당에서 그네질(홀태질)을 하는 터에, 방아질, 길쌈질 따위의 집안일까지 하지 않으면 안 되는 여자에게 지워진, 이중 삼중의 수고로움이 여인네가 쓰는 물건들에 지문처럼 박혀 묻어 나온다.

살포는 생긴 모양새로만 봐서는 대단히 여성스러운 연장이다. 이삼 미터쯤 되는 가늘고 곧게 뻗은 매끈한 자루는 머리에 꽂는 비녀를 떠올리게 한다. 어른 손바닥만 한 날 모양은 삽이나 괭이, 주걱, 가래 모양으로 여러 가지인데, 마치 공예품처럼 구멍을 뚫거나 홈을 파서 아름답게 치장한 것이 그대로 나비 잠(나비 모양의 비녀)이라고 해야겠다.

그러나 이 연장은 여자와는 아무런 관계가 없고, 단지 지주나 마름이 논을 다닐 때 지팡이처럼 가지고 다니며 논에 들어가지 않고도 긴 자루를 이용해서 작은 물도랑을 내거나 물꼬를 막고 트는 데 쓰는 도구일 뿐이다. 그러니까 살포는 우습게도 일을 하지 않아도 되는 농사꾼의 연장이므로 겉치레에 가까울 수밖에 없는 것이고, 따라서 굵고 억셀 필요가 없다.

살포의 이런 모양새는 유래가 있다. 아주아주 옛날 호랑이 담배 먹던 시절엔 높은 사람이 농사일을 지휘하고 감독했는데, 임금이 이들에게 지팡

살포는 주로 마름이 논을 다닐 때 지팡이처럼 가지고 다니며 논에
들어가지 않고도 긴 자루를 이용해서 물도랑을 내거나 막는 데 쓴다.
옛날엔 임금이 하사하기도 했다. 충청남도 논산시, 1992.

이를 하사하여 위로한바 그것이 살포였던 것이다. 조선시대에도 살포는 임금이 신하에게 하사하는 것이었으므로 농사를 주관하는 사람의 상징 연장이라기보다는 지팡이 역할이 컸다. 그럼에도 살포는 여전히 연장이다.

누구든 논에 갈 땐 비록 쓰지 않더라도 삽이나 괭이를 가지고 갔다 오는데, 혹시라도 논둑이 무너지거나 물꼬가 터지는 따위의 일이 있을까 싶어서다. 땅을 많이 가지고 있는 지주나 그 지주의 땅을 관리하는 마름도 그런 염려는 마찬가지여서, 논을 둘러보러 갈 땐 빈손으로 가느니 살포를 가지고 갔다. 실제로 땅 많은 지주야 한 해에 한두 번 논에 나올 둥 말 둥 하겠지만, 마름은 항상 나돌아 다니며 소작인들을 직접 감시하고 감독하므로, 때로는 지주보다 더 보이지 않는 권세를 휘두르기도 했다. 그런 마름이 들고 다니는 살포는 치장을 더 해서 매끈하고 아름답다. 그러나 소작인들에게는 불편하고 마뜩찮고 무섭기까지 한 연장이겠다. 어쩌면 꺾어 버리고 싶은.

살포도 여러 가지 모양이 있는데, 자루가 가늘고 길수록 살포 날은
어른 손바닥처럼 작고 얇으며, 아름다운 문양으로 치장하기도 했다.

그네

구름 한 점 없는 하늘이 높고 파래지는 가을이 오면 길가에 코스모스가 피어 바람에 살랑대고, 어디서 날아왔는지 마당엔 한가득 고추잠자리가 춤을 춘다. 여름의 뒤꼍에서 오래도록 기다린 가을이 아마도 코스모스를 피게 하고 고추잠자리를 불러 하늘에 수를 놓나 보다. 가을은 또 산의 나뭇잎들을 색색 가지로 물들이고 들판의 벼 이삭들을 황금빛으로 여물게 한다. 어느새 벼를 베는 농부들의 이마엔 땀방울이 맺히고, 광주리를 이고 논둑을 걸어오는 아낙네는 바쁘게 종종걸음을 친다. "풍년이 왔네, 풍년이 왔어, 금수강산에 풍년이 왔네…." 어디선가 흥겨운 노랫소리가 들리는 듯하여 돌아보면 잠시 일손을 놓은 농부들이 새참을 먹자고 정답게 부른다.

벼는 베어서 타작을 하려면 햇볕에 우선 잘 말려야 한다. 올기쌀(올벼쌀)이라고 해서 벼의 덜 익은 것을 말리지 않고 떨어내기도 하지만, 대개는 잘 여문 것을 베어낸 다음 한 아름씩 묶어 논둑에 기다랗게 세워 말린다. 이것은 줄가리를 놓는다 하고, 어느 정도 마르면 반대쪽으로 뒤집어 젖혀서 다시 세운다. 그렇게 벼 이삭이 다 마르면 이번엔 밑동이 마르라고 줄가리를 눕혀 벼 이삭이 가운데 들어가 포개지도록 十자로 한 무더기씩 쌓아 둔다. 이것은 발가리라고 한다. 밑동마저 다 마르면 타작을 한다. 타작이란 벼 이삭 줄기에서 낟알들을 훑어내는 일로, 이 일을 하는 농기구가 바로 그네다.

그네는 쇠로 된 여러 개의 빗살을 나무토막에 고정시킨 것인데, 앞뒤로

그네를 이용해 벼를 훑어내고 있다. 탈곡기가 나오기 전까지는 대부분
그네로 벼를 훑었다. 전라북도 순창군, 1994.

구멍을 파서 각각 두 개씩의 짧고 긴 나무다리를 박아 벌려 세우고 양쪽에 줄을 매어 발판을 걸친 다음 사용한다. 그네는 주로 여자들이 사용한다. 가을은 여러 가지 곡식들을 거둬들이는 때라, 일손이 모자라서 벼농사를 많이 짓는 사람들은 벼 다발이 마르면 지게로 져다가 마당에 우선 쌓아 두는데, 이렇게 쌓아 둔 낟가리는 다른 일이 거의 끝나면 헐어내어 타작을 한다.

남자들이 마당에 멍석을 있는 대로 다 내다 펴고 가장자리에서 안쪽을 향하여 여러 벌의 그네를 맨 다음 그네마다 옆에 벼 다발을 가져다 쌓아 놓으면 그네질이 시작되는데, 그네질은 보기와는 달리 참으로 힘든 일이다. 그네의 발판에 한 발을 디디고 서서 그네가 움직이지 못하도록 버티며 허리를 구부린 채로 빗살에 먹인 이삭의 대궁을 힘껏 잡아당겨야 낟알이 떨어진다. 이것을 하루 종일 아침 새벽부터 어둑어둑해질 때까지 한다고 생각해 보자. 가슴이 빠개질 듯하고 엉치뼈가 부서지는 것 같다고 했다. 이 힘든 그네질도 재미있으면 힘이 덜 들었을 것이다. 그러나 남의 땅을 얻어서 농사짓는 사람들은 바로 그 자리에서 지주에게 수확에 비례하는 일정한 양이나 수확에 상관없이 미리 정한 양의 곡식을 바쳐야 했으니, 무슨 재미가 있었겠는가. 이것이 도지賭地, 혹은 할이라고 하는 땅세이다.

남자들은 이삭을 훑어내고 난 지푸라기를 다시 한 다발씩 묶어 쌓아 두거나, 훑어낸 낟알들이 그네 밑에 쌓이면 갈퀴질로 긁어내 검불을 걷어내고 알곡은 섬이나 가마니에 담아 묶어서 갈무리할 수 있는 곳으로 운반한다.

그네는 빗살 모양의 쇠로 된 연장이라 쓰고 난 다음에는 풀어서 몸통과 다리와 발판을 함께 묶고 나서 땅에 닿지 않도록 헛간이나 광의 벽에 매달거나 선반에 올려 두어야 한다. 그러지 않으면 이빨 사이에 녹이 슬어서 다음에 쓸 때 이삭 줄기가 설렁설렁 먹히질 않는다. 그네를 지방에 따라서는 홀태라고도 한다.

그네의 뒷발 두 개를 앞발보다 짧게 해서 세우면 이처럼 뒤로 비스듬한 모양이 된다. 새끼에 걸린 발판을 힘을 주어 밟고 서서 날에 먹인 이삭 대궁을 잡아당겨야 낟알이 떨어진다.

호미

쟁기가 남자의 연장이라면 호미는 여자가 쓰는 연장이다. 물론 논에서는 논 호미로 남자들이 김을 매지만, 사시장철 나는 밭의 풀은 거의 대부분 여자들의 몫이었다. 지금은 제초제를 써서 아예 풀이 나지 못하게 하거나 난 풀을 죽여 버리므로 호미로 김을 매는 일이 많이 없어졌지만, 예나 지금이나 농사는 거름 주고 김매는 데 달려 있다고 봐도 틀린 말이 아니다.

풀은 척박한 땅에서도 잘 자란다. 그런 풀이 곡식과 함께 있으면 곡식이 먹고 자랄 거름을 다 빼앗아 먹고 금세 무성해져 결국엔 농사를 망친다. 그래서 우리 어머니, 할머니 들은 한여름 뙤약볕 아래서도 더위를 무릅쓰고 김을 맨다. 하루 이틀도 아니고 한 달 두 달을, 이른 새벽부터 늦은 밤까지, 비가 와도 아랑곳없고 몸이 아파도 쉴 수가 없다. 하여 "메꽃같이 고운 얼굴미나리꽃이 되었구나"라고, 아낙들은 시집살이와 김매기에 지쳐 한탄스런 노래를 불렀다.

그뿐이랴. 한 치의 땅도 놀릴 새 없이 빼곡히 곡식을 심고 가꾸지만 먹을 수 있는 것은 끼니에 보리밥 한 덩이뿐이거나 때로는 굶기도 한다. 다음은 「아리랑」의 모태가 되는 노래 「아라리」의 한 대목이다.

밥 한 냄비를 딸딸 긁어서 간난이 아버지 드리고
간난이하고 나하고는 저녁 굶고 자자.

왼쪽은 밭 호미고, 오른쪽은 밭 호미 중 양귀 호미다. 밭고랑마다
떨어졌을 우리 어머니와 누이 들의 땀과 눈물방울이, 호미 끝에
가만히 귀를 대 보면, 금세라도 시나위 한 가락으로 되살아 나올 것만
같다. 강원도 평창군, 1990년대.

그래도 여름 하루 쉬면 겨울에 사흘을 굶게 될 것이라 허리띠를 졸라매고 김을 맨다. 그 밭고랑마다 떨어졌을 우리 어머니와 누이들의 땀과 눈물방울들이, 호미 끝에 가만히 귀를 대 보면, 금세라도 시나위 한 가락으로 되살아 나올 것만 같다. 깊은 산골 뻐꾸기 울음소리만 무심한데, 때론 사랑하는 사람과의 쓰라린 이별도 호미 끝으로만 삭여야 했던 살림살이의 고단함은 먼 옛날부터 지금껏 이어져, 우리 민족의 마음에 밟혀도 되살아나는 끈질김으로 되었다. 남의 나라에게 업신여김당해도, 지배자에게 핍박당해도 결국은 호미 한 자루 손에 쥐고 평생을 견뎌 온 힘으로 이겨내지 않았던가.

호미는 남자들이 논에서 쓰는 논 호미와 밭 호미가 있다. 논 호미는 날이 넓고 날과 자루 사이의 목이 짧고 많이 휘어져서, 풀을 매기보다는 풀이 난 흙을 파 엎기 좋게 생겼다. 이와는 반대로 밭 호미는 날이 좁고 목이 길고 덜 휘어져서 풀을 득득 긁거나 콕콕 찍거나 곡식들에게 흙을 북돋워 주기 좋게 생겼다. 밭 호미 중 호미 끝이 두 개인 양귀 호미는, 풀을 긁고 흙을 북돋워 주는 데 주로 쓰인다. 생김생김으로 말하면 양귀 호미는 삼각형이고, 논 호미와 밭 호미는 삼각형을 거꾸로 세운 모습이다. 날 등이 넓고 좁은 것은 지방에 따라 차이가 있는데, 비가 많이 와서 풀뿌리가 깊이 내리는 해안 지방일수록 날 등은 좁고 끝은 뾰족하며, 중부 내륙 지방으로 갈수록 뭉툭하다.

이것들은 모두 다 대장간에서 벌겋게 이글거리는 숯불에 쇠를 달구어 망치로 두드리고 물에 담그기를 여러 번 반복해서 만들어낸다. 그렇지 않으면 날이 쉬 무뎌지고 구부러져서 쓰지 못한다. 그러나 잘 만든 호미도 한두 해를 쓰고 나면 닳고 닳아서 뭉툭해지고 끝만 하얗게 반질거린다. 이런 호미는 애들의 몫이 되어 고구마 밭 같은 쉬운 김매기를 할 때 쓰인다.

발구

발구는 산에서 나무를 실어 나를 때 쓰는, 썰매와 비슷한 연장인데, 소가 끌 수 있게 만든 것이다. 만드는 방법은 간단해서, 우선 길이 사 미터쯤 되는 서까래 굵기의 나무채 두 개를 나란히 놓고 소가 끄는 멍에 양쪽에 구멍을 뚫어 바로 채를 끼우면 된다. 그러면 그 반대쪽 끝은 썰매처럼 땅에 끌리게 되어 중간쯤에 높이 삼사십 센티쯤 되게 기둥을 박고, 일 미터쯤 되는 가로장을 걸쳐 썰매가 옆으로 벌어지지 않게 해야 한다. 그 가로장 위에 다시 백오십 센티쯤 되는 나무채 두 개를 걸어 또 한 채의 썰매를 만들면 발구가 완성된다.

발구는 바퀴가 달리지 않은 것이라 맨땅에서는 끌기가 힘들 뿐 아니라 발구채가 금방 닳아진다. 그러므로 낙엽이 많이 깔린 밋밋한 산비탈이나 눈밭에서 한꺼번에 많은 양의 나무를 운반하는 데 알맞다. 하지만 대부분의 산길이 험하고 비탈이 심해서 소가 발구를 끌 만한 곳은 그리 흔치 않다. 따라서 발구에 나무를 실어 나른다는 것은 높은 산에서 나무를 해서 지게에 지고 산 밑까지 내려와 발구가 다닐 수 있는 곳에 모아 놓고 거기서부터 집이나 원하는 곳까지 실어 나른다는 이야기다.

눈길은 미끄러워서 사람이 지게에 나무를 져 나르는 것은 힘든 일이지만, 발구에 실으면 사람이 질 수 있는 양의 다섯 배 정도까지는 힘들이지 않고 운반할 수 있으므로 눈 내린 겨울 산에 나무하러 갈 때는 발구를 끌고 가는 일이 흔하다.

산에 좋은 나무를 심고 가꾸기 위해서 산판山坂을 할 때도 발구는 많이 쓰인다. 산판은 보통 가을부터 이듬해 봄까지 하는데, 산 밑에서부터 차근차근 나무를 베어 길을 내며, 베어낸 나무는 단을 만들거나 통나무인 채로 나르기 좋게 길옆에 쌓아 둔다. 이 산길에는 낙엽이 많이 쌓여 있고 거치적거리는 것이 없으므로, 나무들을 한 짐 한 짐 지게에 져 나르기보다는 발구에 많은 양을 싣고 한 번에 줄줄줄 비탈진 산을 내려온다.

지게도 오르내릴 수 없는 높고 험한 곳의 나무는 단단하게 단을 묶어 그냥 막 굴려 내리거나 아래로 집어던진다. 이런 것을 '대 맞힌다'고 하는데, 그 대 맞힌 곳의 산은 하도 대를 맞혀서 나무가 굴러 내려간 길을 따라 흙이 하얗게 움푹 팬다. 대 맞힌 나무도 다른 곳으로 흩어지지 못하고 레일처럼 따라가다 아래로 굴러 떨어진다. 산에서 나무를 하지 않고 몇십 년이 지난 지금도 대 맞힌 곳의 흔적은 그대로 남아 있다.

우리나라의 산은 기암괴석과 울창한 숲이 어우러져 더없이 아름다웠는데, 일본이 우리나라를 지배하는 동안에 거의 망가졌다. 특히 태평양전쟁 말기에는 바닥난 전쟁 물자를 대신하느라고 송진을 긁어내고 마루타라 하여 통나무들을 무차별하게 베어내, 사람의 발길이 닿는 곳이면 어디라 할 것 없이 온전한 숲이 남아 있질 않았다. 그러던 것이 다시 육이오전쟁의 포화로 또 한 번의 상처를 입었고, 그 후로도 한동안 민간인들의 땔감으로 헐벗었다.

이제 나라 살림이 안정되고 경제가 성장함에 따라 석탄, 석유, 전기, 가스가 나무를 대신하면서 산림은 예전 모습을 많이 되찾았지만, 화석 연료가 바닥이 나면 그 뒤에 우리 산의 모습은 또 어찌 변할까. 대체로 전문가들의 진단으로는 그게 앞으로 오십 년쯤 후란다. 그 안에 화석 연료를 대체할 에너지를 만들 수 있는 과학기술의 발달과 지속 가능한 정책이 나올 수 있을지 궁금하다.

온 나라를 통틀어도 이제 발구를 사용하는 데는 몇 군데 없지 싶다.

발구에 나뭇단을 싣기 위해서는 끊어낸 발구채의 뒷부분을 한 단 더
높게 하고 길게 놔둬야 한다. 중국 길림성 연변 조선족자치주 연길시
용정현 해란촌, 1996. 사진 김광언.

나래와 번지

나래와 번지는 이름은 서로 달라도 그 모양새나 쓰임새가 거의 같다. 그래서 지역에 따라서는 나래를 번지로, 번지를 나래로 불러서, 듣기만 해서는 구분하기가 매우 헷갈리는 연장이다.

번지는 써레발에 폭 약 삼십 센티, 길이 백이십에서 백오십 센티의 써레보다 긴 판자를 붙여서 논을 판판하게 고를 때 쓰는 연장이다. 나래는 써레처럼 만들었으나 발과 나루채가 없는 대신 그 자리에 판자나 가래날, 쇠날 따위를 고정시켜서 만든 연장이다. 그러므로 나래는 판나래, 삽나래, 칼나래 따위로 부른다. 소나 사람이 끌 수 있고 논이 아닌 곳에서도 같은 목적으로 쓸 수 있는데, 번지는 오직 무논에서만 쓸 수 있고, 판자는 손쉽게 떼어내서 따로 쓰기도 한다.

좀 더 설명하자면, 나래나 번지나 다 같이 써레질하고 난 논의 흙을 판판하게 고르는 데 쓰는 연장이다. 그러나 보통 나래가 먼저 쓰이고 번지가 나중에 쓰이므로, 나래는 논바닥을 좀 거칠게 고를 때, 번지는 좀 더 매끈하게 골라서 마무리할 때 쓰인다. 그러므로 모내기 준비가 끝났다는 것은 무논에 번지질까지 해서 더 이상 흙 고를 일이 없다는 이야기다.

쟁기로 논을 갈다 보면 어쩔 수 없이 흙이 조금씩 한쪽으로 옮겨져 두둑을 따라 쌓이게 되는데, 모내기를 하기 전에 이것을 판판하게 고르는 일은 굉장히 힘이 들고 중요한 일이다. 왜냐면 논을 잘 고르지 않고 모를 심을 경우 논에 댄 물은 낮은 곳에만 머물기 때문에, 높은 곳의 모는 잘 자라지

이처럼 써레발 앞에 판자를 대서 번지질을 하면, 논 고르는 일이
마무리되어 모내기를 할 수 있다. 경기도 화성시, 1969.

않거나 말라죽는다. 또 그곳에는 반드시 풀이 자라나서 김매기에도 품이 많이 든다. 힘이 든다고 해서 처음에 해야 할 일을 하지 않으면 나중엔 고쳐 할 수도 없을뿐더러 더 어려운 일이 차례로 일어난다.

무논을 고르는 일은 써레나 나래, 번지로 하지만, 그에 앞서 더 중요한 것은 논에 얼마만큼의 물을 대느냐이다. 물을 많이 댈수록 높은 곳까지 잠기므로 고를 것이 별로 없어 보이겠고, 물이 너무 적으면 높낮이를 구분할 수 없으므로 그것도 안 된다. 그러므로 물을 적당히 대서 찰박하게 된 상태여야 하는데, 물이란 높낮이가 항상 똑같은 것이므로 이런 물의 성질을 이용

많은 양의 곡식을 퍼 널 때 쓰는 판나래이다. 이때는 소 대신
사람이 앞에서 잡아끈다.

하여 물 밖으로 드러난 곳의 흙을 자꾸 끌어내려서 깊은 곳을 메워 나가야 하는 것이다. 예를 들어, 쟁기로 갈아 놓은 논흙의 고랑에서 두둑까지의 높이가 삼십 센티라 하면, 물의 높이는 그 절반쯤 되게 대고, 물 밖으로 나온 나머지 십오 센티의 흙을 고랑에 끌어다 메우면 물과 같이 완벽하게 평평해진다는 이야기다.

앞서 말했듯이 번지는 써레에서 판자를 떼어내어 따로 쓰기도 한다. 이른 봄에 논 몇 두둑 갈아서 물을 대고 못자리판을 만들 때, 이때도 써레로 썰고 논을 고르는데, 약 백이십 센티 정도의 너비로 높지 않은 두둑을 만들어서 거울처럼 매끈하고 판판하게 해야 되므로, 써레에 붙였던 번지 판자를 떼어서 두 사람이 양쪽에서 끝을 잡고 고랑을 따라 미장하듯 두둑의 흙을 밀면서 가는 것이다. 이것을 왕판질이라고 한다. 실제로 어느 지역에서는 번지를 번데기 왕판 혹은 미래라고도 하는데, 이름이란 이렇게 쓰임새나 모양에 따라 붙여지고 연결되어 있는 것이다.

나래는 논이 아닌 밭이나 집터의 흙도 고르고 깎아내어 메우는 일을 할 때도 쓰인다. 그럴 때는 판나래보다는 삽나래나 칼나래를 쓴다. 많은 곡식을 퍼 넣고 모을 때는 밑에 깐 멍석이 상하므로 판나래를 쓴다. 이 경우에는 사람이 나래를 끌어야 했다. 이제 나래는 박물관에 가지 않으면 볼 수 없는 연장이 되었다.

도롱이

여름은 비가 많은 계절이며 그 중에서도 음력 오뉴월은 장맛비가 오고 농사일도 몹시 바쁜 때이다. 보리와 밀, 마늘이나 강낭콩, 완두콩 들은 망종芒種이 지나면 무조건 거두어들여서 비를 맞히지 말아야 하고, 그 자리엔 바로 모내기를 하거나, 고구마나 콩, 조, 수수, 녹두, 팥 따위를 심어야 한다. 거두는 때를 놓치면 비 맞아 썩거나 싹이 나고, 심는 때를 놓치면 소출이 적어지기 때문이다. 비 맞으며 일을 해야 할 때 입는 비옷이 바로 왕골이나 새, 짚으로 엮은 도롱이다.

비 맞고 일을 오래 하다 보면 처음에야 괜찮지만 나중에는 지치고 추워서 힘들게 된다. 이럴 때 일을 계속하면 감기 몸살을 앓아서 눕게 된다. 일 바쁠 때 이러면 그야말로 큰일이다. 그러나 도롱이를 입고 일을 하면 공기가 잘 통해서 땀이 차지 않고 비바람이 들지 않아서 몸 젖을 걱정이 없다. 일할 때뿐이겠는가. 삽 들고 논에 물꼬를 보러 갈 때, 풀밭에 매어 놓은 소를 끌러 갈 때, 집 둘레의 도랑을 칠 때, 한가하게 이웃집 마실을 갈 때, 넘치는 봇도랑에 붕어나 미꾸리를 건지러 갈 때도 도롱이를 입고 삿갓을 썼다.

옛날엔 목화나 삼, 모시를 심고 가꾸어 길쌈을 해야 옷을 지어 입을 수 있었다. 때문에 갈아입을 수 있는 옷이 넉넉지가 않았다. 그러므로 일할 때 입는 옷들은 햇빛과 짜디짠 땀으로부터 빨리 해지는 것을 막기 위해 풋감을 짓찧어 물을 들였고, 비를 막기 위해서 도롱이는 어른이면 누구나 가지

왕골로 새끼를 꼬아 산에 나는 새풀이나 짚으로 엮은, 이 투박하기
짝이 없는 비옷인 도롱이를 옛날엔 사의蓑衣라 해서 임금이 신하에게
하사하기도 하고 직접 입기도 했다. 다 농사짓는 것이 한 시대의
규범이었던 때의 일이다. 전라북도 임실군, 1994.

고 있어야 할 필수품이었다. 특히 가난한 사람들은 옷을 대신할 수 있어서 겨울에 따뜻하게 도롱이를 입기도 했다.

나는 이 도롱이 한 벌을 갖고 싶다. 안쪽은 가늘디가는 왕골 새끼를 곱게 꼬아 몸에 맞게 촘촘하게 망을 뜨고, 망을 뜨면서 겉쪽은 짚이나 새풀로 물고기 비늘처럼 비 새지 않게 엮은 도롱이를 갖고 싶다. 어깨 멜빵에 양팔을 꿰고 목을 여미고 삿갓을 눌러 쓰고 소를 몰아오다 곡식이 자라는 비 오는 들판에 서 보고 싶다.

옛날도 아주 옛날, 쨍쨍 햇볕 내리쬐던 여름 한낮에 갑자기 서쪽 하늘에서 먹구름이 몰려오는가 싶더니 번개가 치고 천둥이 울며 장대 같은 소낙비가 앞이 보이지 않을 정도로 쏟아졌다. 순식간에 도랑이 넘쳐 고샅길은 냇물이 흐르듯 하고 바다로 변한 마당엔 물방개가 가득 떠다녔다. 그때 갑자기 무엇인가 번쩍이는 것이 마당 여기저기에 헤엄쳐 다녔다. 잉어다! 잉어다! 아주 가끔은 이렇게 물고기 비가 오기도 했는데, 이런 날은 언제 그랬냐 싶게 비가 그치면 하늘 한쪽에 무지개가 서곤 했다. 그때처럼 도롱이를 입고 마당에서 잉어며 붕어며 미꾸리 들을 대야에 주워 담고 싶다.

도롱이를 엮기 위해 새끼를 꼬는 왕골은 바닷가에서 자라는 부드럽고 질긴 풀이며, 새는 산이나 밭둑에 나는 여러해살이풀로서 길고 가느다랗고 부드럽고 질긴 잎을 가지고 있다. 이것을 가을에 베어 말렸다가 이엉을 엮어서 지붕을 덮기도 한다. 새는 볏짚보다 더 질겨서 지붕을 덮으려면 여러 해 동안 베어 모으거나 비탈진 산밭에 일부러 심었다가 거둬들였다. 그렇게 해서 두툼하게 한 번 지붕을 덮으면 보통 삼십 년은 견딘다고 하니, 볏짚 귀한 산골에서는 아주 좋은 이엉감이겠다.

우산이 없던 옛날엔 도롱이를 사의簑衣라고 해서 임금님도 입고, 특별한 날이나 일이 있을 때면 신하들에게 한 벌씩 하사하기도 했단다. 얌전하게 비가 오는 날, 길가의 나무는 비를 머금어 한껏 늘어지고 먼 산에 안개가 끼고 도랑물이 졸졸 흐르기라도 한다면, 한번쯤 도롱이를 떠올려 보자. 우리 주위에서 이제 볼 수 없는 것들을 어찌해야 하는가를.

상체만 비를 가릴 수 있게 만든 도롱이이다. 무릎 아래까지 가릴 수 있도록 길게 만든 것도 있다.

장군과 새갓통

양쪽에 귀때기처럼 생긴 손잡이가 있고 위에 둥그렇고 작은 주둥이가 있는 예쁘장한 옹기 동이 하나가 지게 위에 올려져 있다. 사람이나 가축의 똥오줌을 담아 나르는 장군이다. 이를 진흙으로 구워 만들면 오지장군이요, 일정한 크기의 쪽나무를 켜서 만들면 나무장군이다. 여기에 오줌을 담으면 오줌장군이라 부르고, 똥을 담으면 똥장군이라 불렀다. 오줌을 담든 똥을 담든, 그리고 나무장군이든 오지장군이든, 만드는 재료나 담겨지는 내용에 따라 다르게 부르는 것일 뿐 쓰임새는 같은 것이다. 모양에서도 세워 쓰는 것과 눕혀 쓰는 것이 있는데, 이것 또한 거름을 담아 나르는 장군이긴 마찬가지다.

예로부터 사람의 똥오줌이나 집에서 기르는 짐승의 똥오줌은 농사를 짓는 데 없어서는 안 될 아주 중요한 거름이었다. 이런 거름이 아니면 쟁기로 땅을 갈아 씨를 뿌리고 제 아무리 김을 잘 매 준다 하여도 곡식을 살찌울 수가 없었다. 곧 장군에 담긴 거름 한 지게가 곡식 한 지게인 셈이어서, 곡식 한 말이나 밥 한 그릇은 서로 꾸어 주거나 나누어 먹었지만, 거름은 이웃끼리도 결코 꾸거나 나누어 쓰는 법이 없었다. 그래서 농사를 잘 짓는 사람은 밭 갈고 김매는 데도 열심이지만, 특히 거름 만드는 일에 온 힘을 쏟고 그 거름을 금쪽같이 여겼다. 옛말에도 "집안을 흥하게 할 아이는 거름 쓰기를 금 쓰듯 하고 망하게 할 아이는 금 쓰기를 거름 쓰듯 한다" 하지 않았던가.

논 거름의 경우, 대부분 초여름의 산에서 베는 연한 갈잎(참나무 잎)을 작두로 썰어서 넣고 논을 갈아 모를 내지만, 밭의 거름은 작물을 먼저 심어 놓고 어느 정도 자라는 때에 주는 것이 보통이어서 장군에 담을 수 있는 묽게 삭힌 똥오줌일 수밖에 없다. 이것은 질소 성분이 강한 웃거름인데, 밭에서는 특히 월동越冬 작물인 보리가 아주 중요한 곡식이므로 겨울을 난 보리가 성장하기 시작하는 이른 봄에 똥오줌을 많이 준다. 아무리 묽은 것이라 할지라도 한 번이라도 부어 준 데와 그렇지 않은 데는 여무는 것이 표가 난다고 했으니, 장군은 밭에서 많이 쓰는 거름연장이라고 해야겠다.

새갓통은 묽게 삭힌 똥오줌을 장군에 퍼 담을 때나 장군에서 따라 내어

장군은, 오줌을 담든 똥을 담든, 그리고 나무장군이든 오지장군이든, 만드는 재료나 담겨지는 내용에 따라 다르게 부르는 것일 뿐 쓰임새는 같다. 이것은 뉘어 놓고 쓰는 장군이다.

곡식에 부어 줄 때 쓰는 그릇이다. 밥그릇과 수저처럼 장군과 새갓통은 항상 함께 가지고 다녀야 하는 연장이다. 새갓통은 단단한 통나무의 속을 둥글게 파내어서 바가지 모양으로 만드는데, 한쪽에 거름을 따라내 붓기 쉽게 귀처럼 홈을 만들고 그 홈 양쪽과 반대쪽에 걸치게 Y자 모양의 손잡이를 달았다.

새갓통은 오지로도 만들고 박을 반으로 쪼개서 만들기도 하는데, 뒷간의 커다란 항아리에서 삭힌 거름을 퍼 담을 때는 박에다가 ㄱ자 모양의 긴 자루를 단 새갓통을 썼다. 거름통과 똥바가지, 장군과 새갓통은 다 묽게 삭힌 거름을 퍼 나르는 데 쓰는 연장이지만, 앞의 것이 져 나르기 쉬운 평지의 밭에 지고 가서 쪽쪽 넓게 뿌려 주는 것이라면, 뒤의 것은 비교적 비탈진 밭에 지고 가서 조금씩 조금씩 부어 주는 것이다.

다른 연장과는 달리 장군과 새갓통은 쓰고 나면 깨끗이 잘 씻어서 보관해야 한다. 오지로 된 건 씻지 않아도 괜찮겠지만 그래도 새갓통만은 씻어야 하고, 특히 나무나 박으로 만든 것들은 장군이나 새갓통이나 꼭 씻어서 습기가 적당한 잿간 같은 데 세워 두어야 한다. 너무 마르면 틈이 벌어져 거름이 새기 때문이다.

족답식 탈곡기

가을의 벼논은 한마디로 말해 풍요와 평화의 상징이다. 누렇게 익은 나락들을 이 논 저 논에서 차츰차츰 베기 시작하면 한동안 들판은 왁자한 웃음소리와 흥겨운 노랫소리가 끊이지 않고 들려온다. 땀 흘린 뒤에 나눠 마시는 막걸리와 점심 들밥에는 내 남을 가리지 않는 순한 인심이 넘쳐난다.

가을 하늘은 맑고 드높다. 바람은 알맞게 서늘하다. 일찍 벤 벼가 다발로 지어져 논둑에서 말라 가면 아직 벼를 다 베지 않은 사람들은 일손이 바빠 구부린 이마에 땀이 흐르고, 길옆엔 무리지어 핀 붉고 하얀 코스모스가 가을 소풍이라도 가는 듯 손을 흔든다.

볏단은 말려서 낟가리로 쌓았다가 밭일마저 다 끝내고 탈곡을 하는 것이 보통이지만, 일찍 햅쌀을 장만하려는 사람이나 논이 조금밖에 없는 사람은 벼를 베자마자 바로 탈곡을 하기도 한다. 벼를 탈곡하는 데에는 여러 가지가 있지만, 그 중에서도 족답식 탈곡기는 기계의 원리와 사람의 힘을 이용한 우수한 연장이다. 비교하여 말한다면, 개상에 메어쳐서 털 경우 혼자 하루에 두세 가마를 털 수 있고, 그네는 대여섯 가마를 털 수 있는데, 탈곡기는 오십여 가마를 털 수 있다.

족답식 탈곡기는 그네에 주로 의존하던 우리나라 들판의 추수 풍경을 일시에 바꿔 놓다시피 했는데, 실은 일제강점기 때 우리나라의 쌀 생산을 늘려서 자기네 나라로 가져가려던 일본의 속셈으로 들여온 일본 연장이라는 것을 알아야겠다. 이 탈곡기는 단단한 나무 쪽판으로 만든 지름 사오십 센티의 원통에 말굽처럼 구부린 철사를 서로 어긋나게 박아서, 발로 밟는 재봉틀처럼 크랭크축과 발판을 연결한 것이다. 그러니까 발판을 계속해서 밟으면 발판의 왕복운동이 크랭크를 통해서 나무통의 회전운동으로 변하고, 나무통의 무게와 톱니바퀴의 역할로 속도가 빨라지면 급치라고 하는 구부려 박은 철사가 이삭을 때리거나 훑어서 알곡이 떨어지는 방식이다.

족답식 탈곡기는 그네나 개상으로 탈곡하던 방법에 일대 혁신을 일으킨 기구이기는 하지만, 일제가 들어온 것이다.

탈곡기는 보통 세 명이 함께 일을 하는데, 우선 논이나 마당에 멍석을 여러 장 펴고 적당한 곳에 탈곡기를 놓고 옆에는 볏단을 날라다 쌓는다. 준비가 되면 한 사람은 나락 다발을 풀어서 한 움큼씩 떼내어 주고, 이것을 받은 사람은 발로 탈곡기를 돌리며 애벌 털어서 옆 사람에게 건네준다. 세번째 사람도 역시 발로 함께 탈곡기를 돌리며 건네받은 벼를 마저 털어내고 볏짚은 옆으로 던진다. 어느 정도 일을 하면 다시 볏단을 날라다가 쌓아 놓고 볏짚을 추려 묶어서 정리하며, 탈곡된 나락은 검불을 갈퀴로 긁어내고 섬이나 가마니에 담는다. 이런 방법으로 셋이서 일을 하면 하루에 오십여 가마의 나락을 탈곡할 수 있으나, 그 어떤 일보다도 힘들어서 덩치 큰 장정도 자주 쉬고 교대를 하지 않으면 할 수가 없다.

족답식 탈곡기는 예전에는 회전식 도급기라고 했으나, 발로 밟아 돌리므로 뒤에는 이렇게 불렀고, 돌면서 소리가 와룽와룽 난다고 해서 와룽기 혹은 호롱기라고 했다. 통이 구른다고 궁글통이라고도 했다. 이 탈곡기는 뒤에 많은 변화를 거쳐 경운기의 힘으로 돌리는 동력 탈곡기로 발전해서 족답식에 비해 몇 곱절 이상의 성능을 자랑하게 되었지만, 동력 탈곡기 역시 얼마 지나지 않아서 콤바인에게 자리를 내주고 헛간 신세를 지게 되었다.

탈곡을 할 수 있는 농기구들을 성능과 쓰이던 순서로 적어 보면 다음과 같다.

가락홀태 → 개상 → 그네 → 족답식 탈곡기 → 동력 탈곡기 → 콤바인.

거름통과 똥바가지

가축이나 사람의 똥오줌을 퍼 담아서 거름지게로 논밭에 져 나르는, 쪽나무 판자로 만든 두 개의 똑같은 통이 거름통이고, 박 바가지에 ㄱ자 모양의 나무 손잡이를 달아 거름통에 담긴 것을 곡식에 퍼 부어 주는 게 똥바가지다.

똥바가지는 바가지 중에서도 크고 단단한 것으로 만들어야 한다. 바가지가 단단하려면 우선 박이 잘 영글어야 하는데, 여름내 햇볕을 받고 자란 지붕 위의 박이 잘 영글었는지는 눈으로 보거나 만져 봐서는 알 수 없다. 바늘로 찔러 봐야 한다. 햇볕이 닿지 않는 밑부분까지 고루 찔러 봐서 바늘이 들어가지 않아야 잘 영근 것이다. 이런 박을 따서 톱으로 반을 잘 가르고 속에 든 씨 뭉치는 꺼낸다. 이것을 새끼에 꿰어 처마 밑에 매달아 놓으면 쥐 탈 염려도 없이 잘 말라 이듬해 봄 종자로 쓸 수 있다.

박은 가마솥에 여러 개를 포개어 엎은 다음 깨끗한 물을 붓고 두세 시간 정도 불을 때서 푹 삶아야 한다. 그런 다음 꺼내어 박속은 수저로 긁어내어 무쳐 먹고 바깥쪽의 얇은 때 같은 껍질은 식기 전에 수저나 쇠주걱, 주전자 뚜껑 같은 걸로 박박 밀어서 벗겨내 버려야 한다. 그렇게 해서 햇볕에 말려야만 비로소 바가지로 쓸 수 있다.

똥바가지는 이런 과정을 거친 바가지 중에서 가장 두껍고 큰 놈을 골라서 만든다. 손잡이는 길이 약 일 미터 남짓 되는, 손아귀에 맞는 굵기의 소나무나 소태나무 혹은 붉나무를 베어서 껍질을 벗긴 다음 그늘에 말려 뒀다가 쓴다. 이것은 다 가볍고 질긴 나무들이다.

오른쪽의 자루 짧은 것이 박바가지로 만든 똥바가지이고, 왼쪽 것은 나중에
고무 대야와 같은 재질로 공장에서 만들어져 나온 것이다. 맨 뒤에 있는
옹기 항아리가 세워 쓰는 장군이다. 충청남도 청양군 정산면 내초리, 2000.

바가지에 자루를 다는 방법은, 바가지의 양쪽, 꼭지와 배꼽 두 군데에 송곳으로 구멍을 뚫어서 자루의 ㄱ자처럼 휘어진 부분은 꼭지에, 끝 부분은 배꼽에 맞춰 잡아 묶는다. 묶는 끈으로 가장 좋은 건 소나무 뿌리다. 소나무 밑동을 파 보면 아이들 손가락 굵기의 기다란 뿌리가 나오는데 이걸 잘라서 반으로 가른 다음 조선낫의 등으로 밀어서 껍질을 벗겨내고 똬리처럼 둥글게 말아서 그늘에 말려뒀다가 쓸 때는 물에 불려서 쓴다. 이런 것이라야 간결하게 묶어지고, 똥오줌에 불었을 때나 말랐을 때도 단단하여 바가지와 자루가 서로 돌지 않는다.

　　똥바가지 하나라도 이렇게 제 모습을 갖춰서 태어나는 데는 산과 들과

거름통은 빈 통의 무게나 모양이 양쪽 모두 똑같아야 짐을 졌을 때
한쪽으로 기울지 않는다.

햇볕과 물과 바람과 오랜 시간과 사람의 경험에서 나온 숙련된 정성이 필요하다. 그러니 쓸 때 조심히 쓰고 간수하는 것도 결코 함부로 할 일이 아니다.

거름통은 아름드리 질 좋은 한솔(조선솔)을 오륙십 센티 정도의 길이로 잘라서 폭 약 십 센티 정도의 쪽 판자로 켜 말렸다가 그 판자 안쪽을 옥낫이라는 둥근 낫으로 하나하나 깎아 밑판에 빈틈없이 세운 다음, 길게 쪼개 다듬은 대나무 테를 메워서 만든다. 통을 메우는 기술은 대단히 어려워서, 이 나무통만을 전문으로 메우는 사람이 있었다. 통 목수 혹은 통쟁이라 한다.

예전에는 그릇의 대부분이 질그릇이나 옹기, 사기 그릇이고, 고급스럽게는 유기이며, 짚풀 그릇이나 나무 그릇이었는데, 나무는 흙으로 빚은 그릇에 비해 잘 깨지지 않고 짚풀 그릇과는 달리 새지 않아 허물없이 많이 쓰였다. 특히 그릇끼리 부딪쳐 깨지기 쉬운 설거지통은 옹기 널벅지 대신 나무통을 썼고, 이는 빨래통, 여물통 따위로도 쓰였는데, 한 번 똥오줌을 담으면 부서질 때까지 거름통 노릇을 해야 하므로 처음 맨 통은 대부분 물을 긷는 물통으로 쓰다가 나중에 거름통으로 썼다.

물통으로 쓰나 처음부터 거름통으로 쓰나 빈 통의 무게나 모양은 두 쪽 다 똑같아야 한다. 그렇지 않으면 짐을 졌을 때 한쪽으로 기울게 돼서 쓰기가 어렵다. 거름통도 쓰고 나면 깨끗이 잘 씻어서 습기 많은 잿간에 거꾸로 세워서 간수해야 한다. 그렇지 않으면 쓰지 않는 사이에 바짝 말라서 거름이 새거나 부서질 수 있다.

끝으로 바가지와 관련된 민간 처방 하나를 소개하겠다. 아무렇지도 않던 눈이 갑자기 발갛게 붓고 아파서 보면 눈동자나 흰자위에 돌 같은 것이 박혀 있는 경우가 있는데, 옛 사람들은 이것을 눈에 석石이 섰다고 했다. 석이 서면 다음 날 해 뜨기 전에 일어나 동네의 눈 밝은 사람에게 가서 바늘로 눈에 박힌 돌을 빼내고 집에 온다. 그러고는 먼저 부엌에 가서 솥 위에 엎어진 바가지를 들고 나와 바가지의 닳은 부분을 살펴본다. 식구의 눈에 석이 서면 부엌에서 쓰는 바가지에도 반드시 돌이 박혀 있어 이것들을 찾아 남김없이 빼내 버려야 비로소 눈이 낫는다고 했다.

소독도 하지 않은 바늘로 눈알을 파 헤집는 것을 지금의 안과 의사가 봤다면 기절초풍할 노릇이겠다. 하지만 쓰고 나면 항상 따뜻한 솥뚜껑 위에 엎어서 말리는 바가지의 둥근 모양을 사람의 눈으로 여겨, 어느 한쪽의 문제를 해결하여 그와 비슷한 다른 쪽의 문제도 해결하려던 유감주술적類感呪術的 치료법인 것이다.

써레

써레는 쟁기와 더불어 논농사에서 없어서는 안 될 아주 중요한 농기구다. 논에 모를 심기 위해서는 쟁기로 갈아엎고, 갈아엎은 흙덩이를 풀어 헤쳐서 부드럽게 만들어야 하는데, 써레가 바로 그 역할을 하기 때문이다. 이를 두고 논을 삶는다고도 한다.

써레는 길이 일 미터나 일 미터 반쯤 되는 굵은 통나무에 어른 팔목 정도의 굵기와 길이를 가진 단단한 나무 꼬챙이를 박은 모양으로, 소가 끌 수 있게끔 봇줄을 매는 나루채와 손잡이로 되어 있다.

써레질을 하기 위해서는 논을 갈아엎어야 한다. 논은 이른 봄이나 가을에 초벌을 갈고 모를 낼 즈음에 두벌을 갈아야 생땅이 없어지는데, 여기에 물을 대면 흙덩이가 부드러워진다. 이걸 다시 쟁기로 세번째 갈아야 하며, 이때는 초벌, 두벌처럼 두둑을 만드는 게 아니라 이미 만들어진 두둑을 삼 등분하여 양옆을 갈아서 고랑으로 흙이 메워지게 한다. 그런 다음에 써레질을 해야 흙덩이가 잘 풀어 헤쳐지며 논이 판판하게 골라진다.

써레질은 종횡무진, 신경 쓰면서 하지 않아도 되지만, 그렇다고 하여 아무런 법식이 없는 것은 아니다. 예를 들어 기다란 논이 있다면, 먼저 길이가 짧은 쪽은 시계 방향으로 빙빙 돌면서 '곱썰기'라는 것을 해야 되고, 그다음에는 기다란 쪽으로 왔다갔다 하면서 '장썰기'를 해야 한다. 그래야 흙덩이가 소 발, 써레 발, 사람 발에 고루 밟혀서 빠짐없이 으깨지는 것이다.

써레질이 쟁기질보다 쉽기는 해도 하루 종일 하다 보면 저녁때쯤에는 다

나무 대신 쇠 파이프를 이용해 써레를 만들었고, 써레발 앞에 좁은 판자를
붙여서 흙이 더 잘 골라지게 했다. 전라북도 임실군 덕치면 천담리, 1994.

리를 떼 놓을 힘이 없어진다. 아침나절에는 소를 몰고 다니면서 한다 하더라도 나중에는 소에게 끌려다니는 꼴이 된다. 그럴 땐 논둑에 잠깐 쉬면서 새참으로 가져온 막걸리를 마신다.

사람이 쉴 땐 소도 편히 쉬게 해야 한다. "소도 쉴 땐 멍에를 벗고 쉬어야 쉬는 것 같다"는 말이 있듯이, 비록 짧은 시간이지만 멍에를 벗겨 잠시라도 논둑에 올라서게 하든지 풀을 뜯게 한다. 소도 힘들기는 마찬가지여서 써레질할 때 두둑 위엔 올라서지 않고 자꾸 물고랑으로 가려고 한다. 그래서 소를 부리던 옛 어른들 말에 '소가 써레를 차면 두둑 위에 척 하니 올라설 줄 알아야 제대로 길이 든 소'라 했다.

이러! 이러 말래로 당겨라
흙탕물을 너무나 튕기느냐 이러!
이리저리 피해지를 말고서 말래루 당겨라
드렁 밑에 가서 우뚝 서게 어 후!
물살이 쩍쩍 갈라지면서 잘두나 잡어당기네 이러!
이러 저 고개를 꺼댁꺼댁 하면서 잘두나 당긴다
어깨춤이 나는구나 니가 잘두나 당기네 이러 어후우!
웃소리 나거든 말래 서게
어 잘한다. 참 그놈의 소 신명난다 이러! 어후우

1994년 강원도 횡성에서 채집한, 써레질할 때 부르는 농요란다. 여기서도 보이듯이 소에게 자꾸 '말래(두둑 위로 올라서서)로 당겨라'고 말한다. 이렇게 저물도록 일할 수밖에 없는 날은 소도 지치고 사람도 지쳐 어둠 발밀려오는 논에 서서 서로를 측은히 바라볼 뿐이다.

써레 중엔 밭에서 쓰는 써레도 있다. 밭 써레도 논에서처럼 흙덩이를 부수는 것은 마찬가지지만, 무논에서와는 달리 마른 흙덩이를 부수는 까닭에 써레의 몸통을 서너 개 정도 덧붙여서 써레발을 많이 박은 게 다를 뿐이다. 또 회전 써레라 해서 소가 끄는 것에 따라 써레 발을 박은 몸통이 빙글빙글 돌아 흙덩이를 부수는 것도 있다. 지금의 경운기나 트랙터의 로터리 날과 같은 원리이다.

통나무를 깎아 만든 몸통에 써레발을 박고 손잡이와 소의 봇줄에 매는
나루채로 이루어진, 전통적인 모습의 써레다.

괭이

우리가 아는 연장 중에 괭이만큼 여러 군데 쓰이는 연장도 드물 것이다. 괭이는 우선 땅을 파헤치는 데 많이 쓰인다. 쟁기가 닿지 못하는 논밭의 개자리(가장자리)와 작은 텃밭을 일구는 데는 괭이만 한 연장이 없다. 파헤친 흙덩이를 잘게 부숴서 부드럽고 판판하게 만드는 일도 괭이로 손쉽게 할 수 있다. 씨앗을 뿌리기 위해 골을 타거나 두둑을 만드는 일, 씨앗을 덮는 일, 김매고 북 주는 일 따위도 괭이는 어렵지 않게 할 수 있다.

괭이가 이렇게 서로 다른 일을 할 수 있는 건 날의 모양이 각자 다르기 때문이다. 예를 들어 땅을 파는 데는 끝이 뭉툭하며 날이 두꺼운 괭이를 쓰고, 흙덩이를 부수거나 골을 타는 데는 날이 얇고 타원형처럼 생긴 가짓잎 괭이를 쓴다. 김을 매고 북을 주는 데는 넓은 삽괭이로 하는데, 이와는 반대로 한쪽 끝이 뾰족하고 무거운 곡괭이로는 돌이 많은 단단한 땅을 파 일구는 데 쓴다. 한 손으로 쓸 수 있는, 끝이 뾰족하고 자그마한 괭이는 산에서 약초를 캐거나 삼을 캐는 데 쓰는 약초 괭이다.

괭이의 전체적인 모습은 모두 다 ㄱ자 형태의 날과 괴통(구멍)으로 되어 있으며, 쓰임새에 따라 적당한 나무로 자루를 박는다. 곡괭이는 단단한 참나무로 해 박아야 한다. 가짓잎 괭이나 삽괭이는 가벼우면서 질긴 붉나무로 해야 좋다. 물론 다른 나무도 자루로 쓸 수 있지만, 붉나무를 해 박으면 괭이질을 오래 하여도 손이 부르트지 않고 도리어 매끈매끈해진다. 옻나무와 비슷한 이 붉나무는 가을이 되면 이파리가 가장 먼저 붉게 물드

팽이는 근면한 가장을 상징하는 연장이기도 하다. 그러므로
바지런한 집의 팽잇날엔 결코 녹이 슬지 않는다.

는데, 오배자라는 벌레가 붉나무에 붙어서 만드는 혹과 같은 덩어리가 약, 물감, 잉크, 광택제로 쓰이는 걸 보면 손이 매끈매끈해진다는 말이 이해가 될 것이다. 약초 괭이의 자루는 백동나무가 적당하다. 이 나무는 가늘어도 단단하고 질겨서, 한 손으로 쓰는 자그마한 괭이 자루로 알맞다.

양식이 부족하던 옛날엔 봄이 되면 굶주린 아이들이 제 키보다 더 큰 괭이를 메고 산에 가서 칡이며 띠 뿌리를 캐 먹었다. 순이 올라오기 전에 캔 것들은 껍질을 벗기고 씹어 보면 쌉소름하고 단물이 나오며 녹말이 많아 배고픔을 이길 수 있게 해 주었다. 칡과 띠풀이 잘 자라는 곳은 볕이 잘 들고 땅이 기름지다. 그러기에 봄이면 그런 곳을 찾아 화전火田을 일구는 사람들의 불 놓는 연기와 괭이질 소리가 여기저기서 끊이질 않았다.

화전 밭 하나를 일구고 나면, 새로 산 두껍고 뭉툭한 괭이도 닳고 닳아서 날이 하얗게 반짝이며 날카롭게 된다. 집에서 일을 도울 수 있는 좀 큰 아이들은 이런 괭이를 가지고 산에 가서 그루터기 장작을 해 온다. 도끼로 찍고 톱으로 썰기보다 괭이가 더 수월하다. 여러 군데 많이 쓰이므로 아이에게나 어른에게나 괭이만큼 친숙한 연장도 없으며, 거친 밭을 일구듯 살림살이를 일구어내는 근면한 가장을 상징하는 연장이기도 하다. 그러므로 바지런한 집의 괭잇날엔 결코 녹이 슬지 않는다.

괭이나 괭이처럼 생긴 연장은 쓰고 나면 흙을 털어서, 헛간 벽에 횃대 같은 걸대를 만들어 놓고 거기에 걸어 놔야 한다. 그러지 않고 바닥에 세워 놓으면 사람이 밟아서 다칠 염려가 있다.

태와 물풀매

무더위가 한풀 꺾이고 가을이 찾아오느라 아침저녁으로 선들바람이 불기 시작하면, 논에서는 벼가 익고 밭에서는 조와 수수가 익는다. 고구마가 밑이 드느라(알이 굵어지느라) 두둑에 금이 쩍쩍 가고, 옥수수는 붉고 노란 수염을 뽑낸다. 여름 농사 중에서 가장 먼저 거둘 수 있는 것은 아마도 옥수수와 고구마이지 않을까 싶다. 이때쯤이면 논농사를 많이 짓는 사람들은 논 한 켠에 얼기설기 원두막 같은 걸 만들고 새 쫓을 준비들을 한다.

　익기 시작하는 나락은 먼저 껍질 속에 하얀 즙이 생기는데, 이것이 양이 많아지고 굳어져서 쌀이 된다. 그런데 이때 나락 모가지에 참새란 놈들이 우 하고 떼거리로 내려앉아서 낟알을 쪽쪽 빨아먹어 버리면 나락이 쭉정이가 되어 버린 채 여물지가 않는다. 다 익은 나락이야 그걸 하나씩 주둥이로 까먹으려면 시간이 걸리겠지만, 아직 익기 전의 이 하얀 즙은 잠깐 동안에 아주 많은 양을 빨아먹어 버릴 수 있어서 참새 떼가 아예 앉지를 못하게 해야 하는 것이다. 그러므로 논 귀퉁이에 그늘막을 짓고 식구들이 교대로 그곳에 앉아서 새를 쫓는다.

　밭의 조는 익어서 고개를 숙였을 때가 중요하다. 이것은 낟알이 나락보다 훨씬 작아서 익기 전에는 빨아먹을 수가 없고 언제든지 익어야 까먹을 수 있다. 조는 특히 메마른 땅에서도 잘 자라고 수확량이 많으므로 쌀과 보리와 더불어 중요한 식량 작물이며, 산간 지방에서 많이 심으므로 역시 새를 쫓는 일에 신경을 써야 한다.

우리는 새를 쫓는 것으로 흔히 허수아비를 생각하고, 실제로도 많이 만들어 세워 놓는다. 하지만 허수아비의 효과는 길어야 일주일, 보통은 삼사일을 넘지 못한다. 항상 같은 자리에 같은 모습으로만 서 있으며, 소리도 지르지 않고, 돌도 던지지 않는 허수아비를 약디약은 참새들이 모를 리 없다. 그러므로 여름내 땀 흘리며 애써 지은 농사를 망치지 않으려면 어른이든 어린애든 사람이 직접 나서서 새를 쫓을 수밖에 없는 일이다.

태는 큰 소리를 내서 새를 쫓는 연장이다. 짚으로 만드는데, 우선 짚을 잘 추려서 한 주먹 정도 덜어낸 다음 밑동을 새끼로 묶고 그것이 태 머리가 되게 반대로 뒤집어서 다시 한번 묶는다. 이것을 멜빵처럼 육칠십 센티 길이로 따 가다가 다시 단단히 묶어서 풀어지지 않게 한 다음, 이어서 약 이백오십에서 삼백 센티가 되게 새끼를 꼬되, 짐승의 꼬리처럼 처음은 굵게, 끝은 가늘게 꼬아 마무리하는 것이다. 이 태는 태 머리를 잡고 머리 위에서

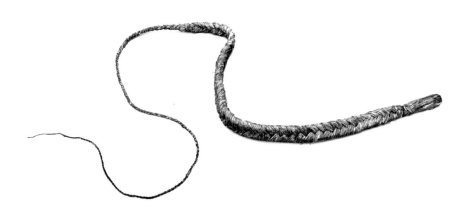

태는 큰 소리를 내서 새를 쫓는 연장이다. 짚으로 만드는데, 태 머리를 잡고 머리 위에서 한 방향으로 빙빙 돌리다가 갑자기 반대로 휙 잡아채면 태줄이 꺾이면서 '딱' 하고 큰 소리가 난다.

한쪽 방향으로 빙빙 돌리다가 갑자기 반대로 휙 잡아채면 태줄이 꺾이면서 '딱' 하고 큰 소리가 나서 새들이 놀라 달아나게 된다.

물풀매는 돌팔매질을 하는 연장이다. 이것은 새끼로 국자처럼, 혹은 작은 주머니처럼 망을 떠서 돌을 넣고 양쪽에 줄을 달아서 머리 위에서 빙빙 돌리다가 한쪽 줄을 놓으면 돌이 아주 멀리 날아가서 참새들을 위협하는 것이다. 이것 말고도 두름박(뒤웅박)이라고 하여 반으로 가르지 않고 속을 파낸 박을 나무 막대기 같은 것으로 딱딱 때려서 소리를 내며 새를 쫓기도 하는데, 사람이 목청을 높여 노래를 곁들이기도 한다.

우여 우여
웃녘 샐랑 울로 가고
아랫녘 샐랑 알로 가고
두름박 딱딱 후여

새를 쫓는 일은 짜증나고 화나는 일이기는 하지만, 정녕 평화스런 광경이다. 누렇게 익어 가는 들판의 이곳저곳에서 우여, 후여 소리를 지르면 하늘은 더 파래지고, 그늘막에 앉아 금방 쪄 내온 뜨거운 햇고구마, 옥수수를 벗기면 바람은 몇 차례 알은체하며 지나가지 않던가.

멱둥구미

멱둥구미는 짚으로 둥글게 엮어서 곡식이나 고구마, 감자 따위를 담아 나르거나 갈무리해 두는 그릇이다. 크기는 아주 여러 가지여서, 지름이 작은 것은 이십오 센티쯤에서부터 큰 것은 백 센티에 이르는 것도 있다. 지름이 넓을수록 운두 또한 높아서, 어떤 것은 곡식을 한 가마 이상 담을 수 있는데, 대부분은 지름이 사오십 센티에 높이 이십오에서 삼십 센티의 것들이다. 둥구미는 홑겹으로 엮기도 하지만 대개는 두 겹으로 엮어서 단단하게 하므로, 낡아도 구부러지거나 주저앉지 않는다.

엮는 방법을 보자. 처음에는 도래방석이나 맷방석처럼 둥글게 엮다가 원하는 크기까지 바닥이 엮어지면 그 위에 둥근 통 같은 것을 놓고 첫 겹의 적당한 높이까지 엮어 테를 만든다. 그런 다음 밖으로 휘어 겹이 되게 엮어 나가는데, 이 운두의 테 속에는 더 단단하고 구겨지지 말라고 굵은 철사를 한 줄 둥글게 넣는다.

바깥 겹은 엮는 사람의 생각에 따라 일정한 간격을 두고 모시 껍질이나 왕골속, 혹은 비사리라고 하는 싸리나무 껍질을 넣어서 무늬를 만들기도 하는데, 그게 질기라고 그러기보다는 필경 무언가 아름다움을 드러내고자 하는 마음 때문이겠다. 소박하되 결코 평범하고 싶지 않은 마음이 엮어내는 그 무늬는, 평화롭게 수놓여 지기도 하고 때론 물결처럼 흔들리기도 할 것이어서, 마음의 눈이 밝지 않은 사람은 엮은이의 생각을 읽지 못할 것이다.

멍석에 나락을 펴 말리고 있는 농부의 뒤쪽에 놓여 있는 것이 밑바닥
지름이 백 센티는 족히 되는 아주 큰 멱둥구미다. 이런 것은 주로 곡식을
담아 놓는 데 쓰므로 홋겹으로 엮는다. 섬진강변의 어느 마을, 1982.

짙은 누른색이요 모시 껍질은 갈색이다. 누른색과 갈색은 서로가 서로를 결코 밀어내거나 미워하지 않고 따뜻하게 받아 주고 있으니 다른 색을 더 찾아서 무엇할까. 비사리도 갈색이며 흰색의 왕골속을 박아 엮는다면 그 또한 말없이 따뜻하고 편안하겠다.

가을이 되면 멱둥구미엔 여자들이 밭에서 캔 고구마를 담아 이어 나르는데, 고달프지만 평화롭다. 쇠나 나무 그릇이 아니어서 똬리를 받치지 않아도 머리가 아프지 않은 둥구미. 가을 저녁나절의 햇살은 안타깝게도 짧고 잦아드는 것이어서 곡식을 거둬들이는 일손이 바쁘기만 한데, 대부분 남자들이 지게 발채(바작)에 져 나르지만, 양이 많을 때는 여자들도 머리에 줄줄이 이어 나른다. 그러다가 밭둑길에 있는 풀이나 돌부리에 걸려 쏟더라도 고구마는 껍질이 좀 벗겨지고 상할지라도 둥구미는 걱정 없다. 깨지

지름이 오십 센티쯤 되는 중간 크기의 둥구미이다.
이보다 더 작은 것은 두 겹으로 엮기도 한다.

지 않으니까 말이다. 그래서 옛날 어른들이 부부싸움을 할 때면, 살림을 알뜰히 하는 남정네는, 정말 화가 나서 무엇인가 집어 던지기라도 해야 살겠으면 둥구미를 찾아서 던졌더란다. 열 번이고 스무 번이고 동댕이치고 던져 봐야 깨지지 않으니 살림 축날 리 없지, 화 풀리지, 얼마나 좋은 일이냐.

메마른 세상을 살아가다가 혹 못 견디게 그리운 무엇이 있거들랑 멱둥구미를 바라보자. 그 한 겹 한 겹 새겨진 올 속에는 삶의 원형질적인 옛 사람의 이야기가 있어 우리를 따뜻하게 맞아 줄 것이다.

깍지와 토시

깍지는 논김을 맬 때 손가락을 보호하기 위해서 끼우는, 대나무로 만든 골무 같은 물건이다. 자기 손가락 굵기에 맞는 대나무를 약 삼 센티 정도의 길이로 잘라, 한 면을 비스듬히 깎아내서 만든다. 이것을 장갑처럼 열 손가락에 끼우고 김을 매면 김도 잘 매지고 손가락도 닳지 않는다.

논김은 보통 세 벌을 매야 한다. 초벌 김과 두벌 김은 넓적한 논 호미로 풀이 난 벼 포기 사이의 흙을 파서 덜퍽덜퍽 뒤집어엎는 것이고, 세벌째는 손가락으로 득득 긁으며 나아간다. 초벌과 두벌은 흙을 파 뒤집으므로 풀도 죽을뿐더러 벼 뿌리에 공기를 통하게 해서 벼가 잘 자라도록 돕는 것이고, 세벌째는 벼가 거의 자란 때 매는 만두레, 즉 마무리 김이므로, 대강대강 손으로만 논바닥을 긁거나 문질러서 흙탕물을 일으켜 여러 생물의 활동을 활발하게 해 주는 것이다. 이때 깍지를 끼고 김을 맨다.

깍지는 원래 각지라고 해서 활을 쏠 때 시위를 잡아당기는 손의 엄지가락에 끼워서 손가락을 보호하는, 짐승의 뿔로 만든 물건이다. 그것을 농민들은 대나무로 대신하고, 활터가 아닌 나락 논에서 사용한다. 논밭에서 일을 하는 농사꾼은 손도 솥뚜껑처럼 커야 한다. 손바닥은 거북등처럼 단단하고 두툼하며 손가락은 북두갈고리처럼 굵고 억세야 일을 해도 부르트지 않는다. 그래도 무논에서 살다시피 하며 김을 맬 땐 손가락도 닳고 손톱도 닳아 피가 나는 것을 어찌할 수 없다. 장갑이 없으니 대나무 깍지라도 끼우지 않으면 견딜 수가 없는 것이다. 끊어질 듯 허리가 아픈 것도 참을 수 없

구경 삼아 장에 나왔음 직한 촌로의 팔에 토시가 끼워져 있는데, 여름이라
시원할 목적으로 옷 속에 끼었다. 전라북도 남원시 보절면, 1992.

는 것이라, 잠방이를 무릎 위까지 걷어붙이고 아예 논바닥에 한 무릎을 꿇고 나아간다. 그래도 견딜 수 없으면 김매는 소리라도 한 자락 하면서 고통을 이기려 한다. 다음은 김제, 만경 평야의 대표적인 '논매는 소리'인 「만경 산타령」이다.

바람 부네 바람이 부네
농촌 한가寒家에 풍년 바람 부네 아하하

일락서산 해 떨어지고
월출 동녘 달 솟아온다 아하하

산천초목 다 속잎 나고
이 논배미는 장잎이 날렸네 아하하

모악산 꼭대기에 비안개 돈게
우장 두르고 지심을 매세 아하하

일허세 일혀 어허어 젊어서 일허고
늙어지면 놀아나 보세 아하하

나하하헤헤이 헤헤에이 헤에헤 오혼돌
히헤 헤에 헤에헤이가 산아지로오고나 아하하

토시는 대오리나 댕댕이덩굴로 짜서 논김을 맬 때 팔목과 팔꿈치 사이에 끼우는 물건이다. 논김을 초벌 맬 때는 벼 줄기가 아직 작고 연하므로 살갗이 베이지 않지만, 두벌 세벌 맬 무렵이면 이파리가 굳세고 날카로워져서 팔뚝의 살갗을 베이기 쉽다. 그렇다고 해서 옷소매를 걷지 않고 김을 매면 옷이 금방 닳아질 게 뻔하다. 벼 이파리가 스치면서 베인 팔뚝에는 수없이 많은 붉은 실 핏자국이 생기고, 쓰라려서 나중엔 팔뚝을 움직일 수도 없이 붓게 된다. 그래서 토시를 끼우는 것이다.

깍지나 토시나 다 옷감이 귀하고 모자라서 대신 나무와 풀 줄기를 이용한 것이다. 지금은 농약과 농기계 덕분에 우리나라 논 전역에서 김매는 모습은 사라졌지만, 깍지와 토시를 끼우고 벼 포기들을 어루만지며 지극한 자세로 김을 매는 농부들의 모습과 그런 시절이 사무치게 그립다.

대나무를 잘라 열 손가락에 끼울 수 있게 만든 깍지(아래)와 역시
대나무로 만든 토시(위)이다.

고무래

지금 세상에 낫 놓고 기역 자 모르는 사람이 있을까마는, 고무래 놓고 정丁 자 모르는 사람은 많다. 그것은 '고무래 정' 자가 한글과는 달리 우리가 평소에 잘 쓰지 않는 한자이기 때문이다. '고무래 정' 자는 꼭 고무래를 닮았다. 한데 고무래보다는 당그래라는 말이 더 살갑게 느껴진다. 시골 고장 말이어서 그렇겠다. 고무래는 논이나 밭의 흙을 고르고 씨를 뿌리고 덮을 때, 그리고 가을에 곡식을 말릴 때는 멍석 위에 것을 펴 널거나 끌어 모을 때 쓰는 연장이다. 이처럼 밀거나 당기는 거라서 당그래라고도 했던 것이다.

고무래는 가로 삼사십 센티, 세로 약 이십 센티, 두께 이삼 센티의 판자에 구멍을 뚫어서 길이 백오십 센티 정도 되는 나무자루를 박아 만든다. 부엌에서 아궁이의 재를 긁어낼 때도 쓰는데, 이것은 잿고무래라 해서 크기가 아주 작은 것이다. 논에서 고무래를 쓸 때는 쟁기로 갈아엎고 써레로 썬 다음 조금씩 더 세세하게 흙 고르기를 할 때인데, 물 위로 나온 흙덩이를 끌어다 깊은 곳을 메우는 식이라 괭이보다 더 편리하고 많은 양의 일을 할 수 있다.

하지만 지금은 논밭에서 고무래를 거의 쓰지 않는다. 우리나라 대부분의 논에서는 경운기나 트랙터로 땅을 갈고 로터리로 잘게 부순 다음 고르는 일까지 하기 때문이다. 밭에서도 이것들로 땅을 갈고 로터리를 하면서 이랑을 만들지만, 씨를 뿌리면 고무래(여기서는 밭고무래) 대신 쇠갈퀴 비슷한 레이크라는 연장을 써서 흙을 고르거나 고랑을 덮는다. 그러므로 고무

썩거나 벌레가 생기는 것을 막기 위해 고무래로 멍석 위의 보리를
펴 말리고 있다. 경기도 화성시 매송면 야목리, 1989.

래는 이제 곡식을 펴 널어서 말리는 데만 쓰는 셈이다.

곡식을 말리는 것은 썩거나 벌레가 생기는 것을 막으며 오랫동안 갈무리하기 위해서인데, 이걸 그냥 멍석 위에 고루 펴 널기만 해서는 안 된다. 처음에 고루 펴서 넌 다음 햇볕이 좋을 경우엔 약 두 시간 간격으로 저어서 뒤집어 주기를 반복해야 한다. 이것을 좀 더 쉽게 하기 위해서 지금의 고무래는 가벼운 플라스틱으로 만들되, 한 면은 밋밋하게, 그 반대 면은 요철이 생기도록 만들어서 가운데 괴통(구멍)에 자루를 박았다. 그러니까 밋밋한 부분으로는 처음에 펴 널 때 쓰고, 요철 면은 뒤집어 줄 때 멍석 위의 곡식을 쭈욱 밀거나 끌고 가기만 하면 되는 것이다.

그러나 이것은 공장에서 만드는 것이기 때문에 돈을 주고 사야 한다. 고무래는 마음만 먹으면 집에서도 손쉽게 만들 수 있는 연장이다. 적당한 나무판자와 손잡이로 쓸 막대기, 그리고 판자에 손잡이를 박으려면 구멍을 내야 하니까 끌과 망치와 톱, 그리고 못 한두 개와 사포 한 장이면 충분하다.

거칠고 투박한 것은 큰 문제가 되지 않는다. 아주 간단한 것일지라도 자기가 직접 만들어 쓴다는 데 큰 의미가 있다. 망치, 끌, 자귀 따위의 연장을 손에 잡고 쓸 때 손이 경험하는 느낌과 만드는 과정의 몰입은 인간의 진화를 가져온 가장 자연스럽고도 행복한 모습이다. 다 만들어졌을 때의 성취감은 무엇과도 바꿀 수 없는 자긍심이기도 하지만, 실패하거나 부족해도 괜찮다. 무조건 사서 쓰려는 생각보다는 백 배 낫기 때문이다. 연장은 이런 과정을 거치면서 만들어 써 본 사람이라야 아낄 줄 알고, 남의 것을 빌려 쓰기 어려워 할 줄도 알게 된다.

메

메란 나무 말뚝을 박거나 떡을 치고 방아를 찧거나 짚의 밑동을 바수는 따위의 일에 쓰는, 나무로 만든 망치이다. 망치의 역할을 해야 하므로, 몸통은 참나무, 대추나무, 박달나무, 느티나무처럼 무겁고 단단한 나무로 하며, 자루로는 소나무도 무던하고 백동처럼 단단한 질긴 나무가 많이 쓰인다.

메의 크기는 쓰임새에 따라서 제각각 다르지만, 대개 말뚝을 박거나 떡을 치는 메는 크고, 짚일 할 때 쓰는 짚메나 여러 가지 공예품을 만들 때 쓰는 메는 작다.

새끼를 꼬거나 멍석, 덕석 따위를 엮을 때는 짚의 밑동을 납작한 토방돌 같은 데 올려놓고 잘근잘근 두드려 줘야 하는데, 이때 쓰는 짚메는 비교적 작은 한손 메다. 짚은 쓰기 전에 꼭 이렇게 두드려 줘야 부드러워져서 엮을 때 손이 덜 아프고 엮은 짚 그릇이나 기구 들이 질겨지는 법이다.

특히 짚신을 삼게 되면 신꾸리라고 하는, 나무로 깎은 여러 쪽의 발 모양의 본을 짚신 속에 끼워 넣고 더 부드러워지라고 전체를 고루 두들겨 준다. 이렇게 하지 않으면 짚신을 신었을 때 발이 부르트기 십상이다. 이런 때 쓰는 메는 대추나무로 지름 오 센티 정도에 길이 이십 센티 정도로 약간 굽게 하여 팔각 내지 십이각 모양으로 정교하고 아름답게 깎아 만드는 게 보통이다. 공예품을 만드는 데 쓰는 연장이 실은 공예품인 셈이다.

하지만 아름다움이란 것은, 사람이 늘 곁에 두고 쓰고 어루만지고 때론 말 못 할 한숨 같은 것도 섞인 세월의 때가 묻어야 아름다운 것이다. 이런 것은 벌레가 먹지 못하도록 들기름을 먹여 솥에 찌기도 한다.

떡메는 어쩐지 푸근한 느낌이 든다. 모양새 또한 큼지막하고 수더분하다. 추석이나 설이 돌아오면 찹쌀을 물에 불렸다가 가마솥 시루에 고두밥을 찌고, 다 쪄지면 넓고 두꺼운 안반에 쏟아부어서, 그다음에는 떡메로, 처음에는 가만가만 내리쳐서 이긴이긴 해서 쌀 알갱이를 으깨다가, 세게 내리쳐도 어디로 튀어 달아나지 않을 정도로 고두밥이 한 덩어리가 되면, 그때는 철푸덕 철푸덕 양쪽에서 두 장정이 신나게 내리친다. 이런 떡메는 솔향기가 나라고 붉은 소나무를 쓰더라.

"의붓아비 떡메 치는 데는 갈지언정 친아버지 장작 패는 데는 가지 않는다"는 재미있는 속담은 무슨 뜻일까. 제 아무리 미워하는 의붓아비라도 떡 치는 데는 가서 서 있으면 떡 한 조각이라도 튀어 입에 들어오지만, 친아버

안반과 떡메. 피나무 안반에 소나무 메라면 금상첨화겠다.
안반은 벌어지지 않고, 떡에서는 솔향이 날 것이기 때문이다.

지가 장작 패는 옆에 가 서 있으면 장작이 튀어 와서 다치기나 한다는 이야기다. 여기서 '미운 아들 떡 하나 더 주라'는 뜻으로 이해하는 사람은 없겠지만, 장작 패는 것의 위험스러움을 어쩌면 이렇게 떡 치는 것에 갖다 붙일 생각을 했는지 생각할수록 재미있다.

가을에 겨울 채비로 이엉 엮어 지붕 이고 섶 쪄다가 울타리를 하는데, 울타리가 센 바람에 넘어가지 말라고 이삼 미터 간격으로 중간중간에 울장이라는 커다란 나무말뚝을 박는다. 이때에는 크고 단단하고 무거운 나무 메가 제격이다. 마당 한 귀퉁이, 울타리 옆에 두엄자리를 만들고, 또 그 옆에 소를 맬 수 있는 어른 무릎 높이의 나무말뚝을 박을 때도 큰 메가 제격이고, 큰물이 져서 논둑 방천防川이 났을 때(터졌을 때) 메로 나무말뚝을 촘촘히 박고 가마니 따위를 댄 다음 흙을 쪄다 부어 새로 논둑을 쌓는데, 이때 쌓은 흙도 메로 다진다.

커다란 돌 절구통에 나락을 쏟아붓고 찧어 왕겨를 벗기거나, 통보리를 넣고 찧어 겉겨를 벗겨낼 때는 지름 십여 센티, 길이 오십 센티가량의 기다란 메를 쓰면 절구공이보다도 훨씬 힘이 덜 든다.(이때는 물을 좀 부어 줘야 보리의 껍질이 불어서 겨가 잘 벗겨진다) 집을 지을 때는 기둥, 도리, 들보, 상량 들을 짜 맞추는데, 메 없이는 천하 없어도 일이 되지 않는다.

두레와 용두레

벼농사는 물과는 떼려야 뗄 수가 없는 농사이며, 쌀은 우리 민족에게 가장 중요한 곡식이다. 그래서 모내기를 해야 하는 때에 가뭄이 들면 어떻게든 물을 모으기 위해서 가느다란 실개천도 막고 커다란 웅덩이를 판다. 조금이라도 물이 없어지는 것을 막고, 또 모인 물은 논으로 들어가게 하거나 퍼 올려서 모내기를 해야 되기 때문이다.

그렇게라도 물을 댈 수 없는 논은 하늘에서 비 내리기만을 기다려야 하고, 가뭄이 더 심해지면 하는 수 없이 메밀을 심기도 한다. 지금은 논이 바둑판처럼 정리돼 있고 저수지와 수로가 발달하여 날이 좀 가문다 해도 벼농사 짓기에 별 어려움이 없지만, 예전에는 웬만한 논은 모두 다 사람의 힘으로 물을 끌어 대야 했으므로, 가뭄이 들면 농사꾼들의 고생은 이루 말할 수가 없었다.

가뭄이 심할수록 물은 깊은 곳에만 고여 있기 마련인데, 그 물을 논으로 퍼 올리는 연장이 바로 두레이다. 두레는 기다란 나무 끝에 한 말(이십 리터) 정도 퍼 올릴 수 있는 커다란 바가지 같은 것을 달아 중간을 삼각대나 논둑에 걸치고 물을 푼다. 기다란 나무의 중간에 걸친 삼각대가 지렛대와 같은 역할을 함으로써 힘을 덜 들이고 낮은 곳의 물을 퍼 올릴 수 있다. 두레는 퍼 올려지는 물의 무게를 좀 더 가볍게 하기 위해서 물바가지의 반대쪽 손잡이가 나무의 밑동 굵은 쪽이어서, 한중간을 걸치고 물을 가득 퍼도 양쪽의 무게는 비슷해서 사람의 힘은 조금만 써도 된다.

하지만 바싹 마른 논이라면 한 통 한 통 물을 퍼서 어느 세월에 다 적시게 할까. 이른 새벽부터 밤늦게까지 푸고 또 푸고, 그래도 목이 타서 불을 밝히고 온 밤을 졸아 가며 푸기도 했다. 그렇게라도 퍼 나를 물만 있었으면 괜찮았던 것이다.

용두레는 길이가 약 백오십에서 이백 센티쯤 되는 커다란 통나무를, 앞쪽은 넓고 깊게, 뒤쪽으로 갈수록 좁고 얕게 판, 그 자체가 커다란 통나무 바가지인 두레이다. 이 통나무 바가지의 뒤쪽에는 길이가 약 육칠십 센티쯤 되는 적당한 굵기의 손잡이를 달거나 아예 손잡이까지 통째로 한 몸이 되게 깎기도 하는데, 두레와 마찬가지로 서까래 같은 통나무로 삼각대를 세우고 거기에 줄을 매달아 앞뒤로 흔들어서 물을 푼다.

삼각대 위에 올려놓고 쓰는 두레나 삼각대에 매달아서 쓰는 용두레가 서로 모양만 다를 뿐이지 같은 원리를 이용한 것인데, 단지 다른 것이 있다면 두레는 물을 퍼서 들고 있어도 새지 않지만, 용두레는 앞쪽이 트여서 새어 버리는 까닭에 푼 물을 앞으로 쏟아붓는 동작이 연달아 이루어져야 한다는 점이다. 그러므로 물을 푸는 횟수가 많을 수밖에 없고, 무넘이 또한 낮은 곳에서 퍼 올리는 거라 그 양도 두레에 비해 다섯 배에서 일곱 배 정도까지 많다.

무넘이란 물이 고여 있는 웅덩이에서 물을 대야 하는 논까지의 높이를 말하는 것으로, 무넘이가 낮다는 것은 논 바로 밑에 물이 있어 논으로 퍼 넘기기가 쉽다는 것이고, 높다는 것은 논보다 훨씬 아래쪽에 물이 있어 논으로 퍼 넘기기가 힘이 든다는 것이다. 이런 무넘이의 차이 때문에 물을 푸는 연장이 여러 가지인데, 용두레는 무넘이가 가장 낮을 때 쓴다. 그러다가 용두레에 닿지 않을 정도로 물웅덩이가 깊어지면, 용두레를 매단 끈을 늘여서 다시 푸며, 나중에 용두레로는 퍼 올릴 수 없을 만치 물웅덩이가 깊어지면, 즉 무넘이가 높아지면 그때는 맞두레라는 것을 쓴다.

삼각대를 설치하고 끈을 늘여 용두레를 매달았다. 용두레는 앞쪽이 트여서
새어 버리는 까닭에 푼 물을 던지는 동작이 연달아 이루어져야 한다.
1920-1930년대.

나락뒤주

쌀뒤주가 부엌이나 대청 혹은 살림살이를 두는 고방에 놓고 쌀을 담아두는 그릇이라면, 나락뒤주는 마당 혹은 집 한 곳의 적당한 곳에 만들어 두고 잘 말린 나락을 그대로 쏟아부어 갈무리해 두는 나락 저장고이다.

거의 모든 곡식이 그렇지만, 나락은 한 해 동안 먹을 쌀을 한꺼번에 찧어 두지 않고 필요할 때마다 조금씩 꺼내어 찧어 먹기 때문에 나락만 따로 갈 무리해 두는 뒤주가 있어야 하고, 보통 헛간 안쪽의 으슥한 곳이 아닌 사방 이 트인 울안의 적당한 곳이나 살림집의 벽 한 면에 붙여서 나락뒤주를 만 드는데, 이것은 바람이 잘 통해야 습기와 곰팡이를 막을 수 있기 때문이다.

또 나락은 뒤주에 갈무리해야 작은 공간에 많은 양을 저장할 수 있다. 예 를 들어 나락 마흔 가마니를 네 가마씩 열 단으로 쌓아 올린 공간의 크기로 뒤주를 만든다면, 그 뒤주에다가는 약 오륙십 가마니까지도 쏟아부어 저 장해 둘 수 있다.

나락뒤주를 만드는 방법은 두 가지가 있다. 하나는, 집 짓는 것처럼 두꺼 운 판자로 가로 세로 높이 모두 이 미터 정도 되게 네모진 방을 만들고, 땅 에서는 약 이삼십 센티 높이로 마룻바닥을 깔아 쥐와 습기를 막는 방법이 다. 지붕은 비가 새지 않게 이엉으로 덮거나 기와를 올린다. 이 나락뒤주에 는 꼭 나락만 갈무리해 두는 것이 아니고, 보리나 조, 기장 따위도 갈무리 한다. 벽의 한 면을 고정되지 않은 여러 쪽의 판자로 막는데, 곡식을 꺼낼 때는 위에서부터 판자를 하나씩 빼내고, 저장할 때는 반대로 밑에서부터

짚으로 짰지만 지붕은 이엉을 엮지 않고 작은 짚다발을 박아 이었다. 맨 꼭대기에는
유지절이(유지기)라는 것을 덮어 마무리했는데, 습기와 쥐에 약해서 이런 뒤주에는
미처 탈곡하지 못한 이삭이나 조 북섬이를 저장한다. "노적이 열이라도 유지절이
하나만 못하다"는 속담이 있다. 전라북도 임실군 덕치면, 1994.

하나씩 끼워 가는 식으로 한다.

뒤주의 또 다른 하나는 대나무가 많은 호남지방에서 많이 만드는 방법인데, 대나무를 쪼개어 결어서 오지독 모양처럼 만들고 대쪽의 틈새는 진흙을 발라서 곡식이 새지 않게 한다. 그런 다음 문은 판잣집 뒤주처럼 옆구리에 여러 개의 판자를 써서 고정되지 않은 쪽문을 만들고, 곡식을 채운 다음에는 이엉을 엮어 지붕을 덮는다.

이 두 가지 모양 외에 쉽게 만드는 또 하나의 방법은, 마당 한쪽에 가운데가 높지막하고 둥그렇게 시멘트로 바닥을 만들고 그 위에 함석 여러 장을 조금씩 겹쳐 세워서 둥근 통을 만든 다음, 그것이 퍼지지 않게 굵은 나일론 줄로 두세 군데 감아 묶는 방식이다. 이것도 나락을 쏟아붓고 위에 이엉지붕을 얹지만, 문이 없으므로 꺼낼 때는 한두 번에 걸쳐 지붕을 걷고 꺼내야 하며, 나락을 다 꺼낸 다음에는 풀어헤쳐서 함석과 줄만 따로 보관했다가 가을이 되면 다시 만든다. 시멘트가 나왔을 무렵이니까 그리 오래되지 않은 저장 방법이다. 농사 기술이 발달해 소출이 거의 곱으로 늘다시피 한 1970년대엔 웬만큼 농사를 짓는 집은 거의 다 마당 귀퉁이에 이 함석 뒤주를 만들었다.

판자로 만든 집 뒤주는 농사를 얼마나 짓고 있느냐에 따라 그 크기가 여러 가지여서, 적게는 나락 열 섬(스무 가마니)에서 수십 섬까지 저장할 수 있는데, 대나무로 만든 뒤주는 보통 열 섬 정도를 담을 수 있게 만들므로, 농사 많이 짓는 집은 뒤주도 여러 개를 만들어야 한다. 그러므로 뒤주를 보면 그 집이 농사를 얼마나 짓는지 대강 알 수 있었다. 함석 뒤주는 몸통이 둥글어서 네모난 집 뒤주와는 비교할 수도 없이 많이 들어가는 것이라, 겉모습만으로는 쉽게 그 양을 짐작할 수 없다. 그래서일까, 비록 그 속에 곡식이 들어 있어도 다른 뒤주에 비해 거칠고 삭막해 보인다.

나락뒤주는 두지, 두태통, 혹은 둑집이라고도 한다.

낫과 숫돌

낫이나 숫돌은 자주 쓰는 흔한 연장이다. 그래서 익숙하다. 그렇지만 흔하고 익숙한 것과 잘 안다는 것은 좀 다르다. 낫은 우선 사람이 농사를 지은 이래 풀과의 싸움에서 떼려야 뗄 수 없는 연장이다. 한 달만 그대로 놔두면 논두렁, 밭두렁을 점령해 버리는 풀을 쳐내는 일이며, 산의 나뭇잎과 거친 들풀을 베어서 논밭의 거름을 만드는 일, 연한 풀을 베어서 짐승을 먹이는 일 따위는 낫이 아니면 할 수 없다. 여름 밭에선 밀을 베고, 가을 들판에서는 벼를 베는 일, 조와 기장을 베고, 수수, 옥수수를 베고, 깨와 콩, 메밀, 율무를 베는 일, 겨울엔 산에서 나무를 베어 따뜻하게 구들방을 덥히는 일도 낫이 아니면 불가능하다.

 낫은 종류도 여러 가지이다. 연한 풀류를 베는 낫은 왜낫이라 해서 일본에서 들어왔는데, 낫자루가 사십 센티쯤 되게 길고 목(슴베)이 짧으며 날의 두께는 아주 얇다. 나무를 베거나 갈대나 억새, 수수, 옥수수의 완강한 밑동을 베는 낫은 조선낫이다. 자루가 이십에서 이십오 센티 정도로 짧고, 목은 황새목처럼 길어서 황새목이라고도 한다. 날의 두께는 아주 두꺼워 팔뚝 같은 나무를 찍어도 상하지 않는다.

 이 조선낫 중에는 낫날의 길이가 십 센티 정도로 아주 짧아서 버들이나 담배, 뽕나무를 베는 데 쓰는 버들낫이 있으며, 낫날 길이가 사오십 센티로 아주 길고 자루도 백 내지 백오십 센티 정도로 길어 갈이나 들풀을 후리면서 베는 벌낫이 있다. 모양새는 지역에 따라 조금씩 다르기도 한데, 대개

경기도나 경상도의 낫은 날이 ㅡ자 형태로 곧고 자루와 거의 직각이며 슴베가 길다. 이에 비해 강원도나 전라도의 낫은 날과 등이 굽고 목이 이들보다 약간 짧다.

낫이 종류가 아무리 많아도 숫돌이 없으면 아무짝에도 쓸모없다. 숫돌도 면이 거친 것과 몽근 것이 있는데, 이 사이에는 아주 거친 금강석이라는 숫돌과 결이 고운 떡 숫돌 따위 등 여러 종류가 있다. 그래서 무뎌진 도끼나 작두날 같은 것은 금강석에 갈고, 이발소의 면도칼 같은 것은 떡 숫돌에 갈아야 한다. 하지만 날이 무뎌진 정도나 두께에 따라서 거친 숫돌에서 몽근 것으로 옮겨 가며 날을 벼리기도 한다. 이와는 반대로 금강석에다 면도칼을 갈면 칼을 버리게 되며, 도끼날을 떡 숫돌에 간다면 이것도 역시 벼려지지 않을뿐더러 숫돌만 버리게 된다.

낫을 가는 숫돌은 기다란 막숫돌이다. 이 숫돌은 전문 공구점보다는 일반 철물점에서 살 수 있는데, 가능하면 돌이 무른 것을 사 써야 한다. 돌이 단단하면 낫이 잘 갈리지 않기 때문이다. 그걸 어떻게 알 수 있는가. 철물점에 가서 숫돌을 여러 개 꺼내 놓고 침을 뱉어 보자. 침이 빠르게 번진다는 건 돌의 조직이 치밀하지 않고 성글기 때문이고, 성글면 무른 것이다. 뾰족한 못으로 긁어서 상처를 내 봐도 알 수 있다. 쉽게 긁히는 느낌이 드는 게 무른 것이고, 색깔도 엷다.

숫돌에 낫을 갈 때는 겨울이라고 해도 찬물에 갈아야 한다. 따뜻한 물은 낫이 잘 안 갈린다. 기름을 친 듯 미끄럽고 숫돌과 낫 사이에 서로 비벼지는, 껄끄러운 마찰이 생기질 않는다.

낫을 갈 때는 슴베 부분을 왼손에 잡고 날 끝은 오른손으로 잡아 낫의 휜 면을 숫돌에 대고 힘을 주어 앞뒤로 밀고 당기며 문질러야 한다. 숫돌에 물이 없으면 조금 끼얹고 되풀이한다. 이렇게 해서 적당하게 날이 갈아졌다

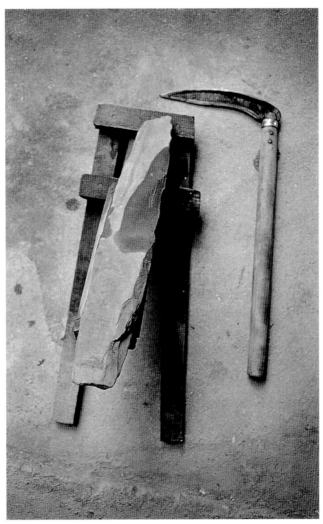

날이 얇고 목(슴베)이 짧은 왜낫으로, 풀 종류를 베는 데 주로 쓰인다.
숫돌은 낫을 가는 데 적당한 막숫돌이고, 나무로 만든 것은 숫돌꽂이다.

고 느껴지면 날을 한번 쳐다보자. 숫돌에 닿은 곳이 번쩍인다.

　사실 낫은 항상 쓰는 사람이 아니면 잘 갈 수 없기에 잘못하면 낫을 버리는 수가 있다. 처음 슴베 부분을 왼손에 잡고 날 끝을 오른손에 잡고 가는 이유는 낫의 휜 안쪽을 먼저 많이 갈아 줘야 하기 때문이고, 그 바깥쪽은 이제 왼손과 오른손 쪽을 반대로 돌려 잡고 아주 조금만 살살 갈아서 날을 세워 줘야 한다. 이것은 물론 오른손잡이용 낫의 경우이고, 왼손잡이용 낫은 그 반대이다.

　날이 섰는지, 곧 벼려졌는지는 손으로 살짝 만져만 봐도 알 수 있는데, 엄지손가락의 지문 부분을 낫날에 대고 베이는 방향으로 살짝 밀어 보자. 이때 미끄러지지 않고 베일 듯이 매우 섬찟하고 오싹함이 느껴지면 잘 벼려진 것이다. 그러나 이 방법은 낫을 늘 갈아 본 사람이 아니면 잘 알 수 없고, 처음 해 보는 사람에게는 위험하기도 하다. 그러므로 낫날을 직접 눈으로 확인해야 하는데, 잘 갈린 부분은 날이 눈에 잘 보이지 않고 안 갈린 부분은 가는 실처럼 희게 보인다. 이것은 날카롭게 낫날이 벼려질수록 날 끝 선의 표면적이 줄어들기 때문이므로, 희게 보이는 부분만 조금 더 갈아서 마무리하면 되는 것이다.

　낫은 언제나 이렇게 완벽하게 벼려서 써야 한다. 그러지 않으면 풀이나 나무는 잘 베어지지 않고 곡식은 뿌리까지 뽑혀서 이삭에 흙이 섞이기 쉬우며 또 자칫 손까지 벤다. 하지만 벼려 쓰는 연장 중에 낫처럼 벼리기 어려운 것도 없다. 그것은 낫날이 안으로 휘어져 곡선을 이루기 때문인 것이다. 이것은 베는 물건의 저항을 줄이고 충격을 흡수하며 풀이나 나무가 낫 밖으로 흐트러지지 않고 안으로 모아져서 베기 쉽게 하기 위함이니, 조상의 지혜를 말하지 않을 수 없다.

　좋은 낫은 경험 많고 기술이 뛰어난 대장장이가 자기의 자존심을 걸고 이글거리는 불 앞에서 뻘겋게 단 쇳덩이를 수십 번 이기고 불리고 담금질해서 만들어내는 것이다. 그것은 너무 강하지도 약하지도 않고 녹이 잘 슬지도 않을뿐더러, 부러지지 않는 것은 물론 한번 벼리면 쉬이 무뎌지지도 않는다. 그러나 이것만큼은 우리가 직접 써 보지 않으면 알 수 없는 것이어서 대장장이와 우리 사이에 놓인 믿음에 의지해야 할 뿐이다.

이제 그 흔하고 익숙하고 간단하기까지 한 연장 하나가 그리 간단치 않다는 것을 알 수 있겠다. 이것을 잘 쓰기란 더더욱 그렇다. 날을 벼려 쓰는 연장일수록 쓸 때 힘의 강약과 속도의 빠르고 느림, 그리고 선의 직곡直曲이 뒤엉켜서 춤추는 듯한 부드러움과 벼락 치는 듯한 순간이 손끝에서 섬세하게 일어나야 한다. 그렇게 사람과 연장이 한 몸이 되어야 아름다운 것이며, 원하는 것을 이룰 수가 있다.

낫은 아름다운 도구이다. 새벽이슬에 젖은 연한 풀을 베는 낫은 짐승을 살리고 땅을 기름지게 하는 넉넉한 것이며, 황금빛으로 익은 벼가 바람에 물결칠 때 이마의 땀을 씻으며 스르륵스르륵 벼를 베는 농부의 손에 들린 낫은 평화스럽다. 그러나 농사 연장이 쓰일 데 쓰이지 못하고 버려지거나 다른 데 쓰이는 일처럼 나라와 겨레에 불행한 일도 없을 것이다.

낫은 가능하면 쓰기 전에 바로 갈고, 미리 갈아 놓고 오래 두지 말아야 한다. 낫날이 녹슬기 쉽다. 조선낫으로는 풀도 베지만 왜낫으로 나무는 베지 말자. 낫 버린다. 쓰고 나서는 항상 짚으로 만든 낫꽂이에 꽂아 두는 것도 잊지 말아야 한다.

가마니

가마니는 벼와 보리, 콩과 팥, 조와 기장, 수수나 옥수수, 고구마나 감자 따위의 논밭에서 나는 온갖 곡식들과 자질구레한 살림도구들을 담아 나르거나 갈무리해 두는, 짚으로 짠 촘촘한 그릇이다. 나무로 된 틀에 새끼로 보통 서른두 줄의 날줄을 늘이고 서로 엇갈리게 하여, 바늘대로 지푸라기를 넣은 다음 베를 짜듯 바디로 눌러 짠다. 다 짜면 반으로 접어 양쪽을 커다란 바늘로 꿰매서 자루처럼 만든다.

가마니에는 보통 팔구십 킬로의 곡식이 담긴다. 장정 한 사람이 어깨에 메거나 지게에 질 수 있는 무게이다. 그러므로 가마니는 농산물을 담아서 보관하거나 많은 양을 먼 곳으로 운반하는 데 거의 절대적으로 없어서는 안 될 물건이었다. 농산물뿐만이 아니다. 가마니가 나와서 쓰이기 시작한 1900년 초에서부터 화학섬유 포대가 나와서 대체되기까지 팔십여 년 동안 임산물, 건어물, 축산물은 물론 공장에서 생산되는 여러 공산품까지 보관 운송하는 데는 가마니 신세를 져야 했다.

가마니가 나오기 전에는 '섬'이라고 하는 게 있었는데, 이것 역시 짚으로 짠 그릇이다. 그러나 섬은 가마니처럼 촘촘하지 않을뿐더러 부피가 커서 운반과 보관이 쉽지 않았다. 섬에 들어가는 곡식의 양은 보통 한 가마니 반에서 두 가마니 정도였다.

가마니는 그 이름에서 짐작되듯이 일제강점기 때 일본에서 들어온 물건이다. 가마니를 짜는 틀도 함께 들여와서 농한기의 농촌에서는 가마니를 짜서 시장에 내다 팔아 가용家用에 쓰기도 했지만, 일본이 우리나라에 가마니를 들여온 본디 목적은 곡식을 빼앗아 가기 위한 것이었다. 태평양전쟁, 곧 이차세계대전을 일으킨 이래 공출이라는 이름으로 우리나라에서 생산된 자원, 그 중에서도 쌀은 생산량의 약 팔십 퍼센트를 빼앗아 갔다. 평야에서 항구로 연결하는 도로(신작로)를 닦고 그 길을 통해 가마니에 담긴 쌀을 실어내 간 것이다.

그러므로 가마니는 우리 민족에게는 수탈의 대명사로 여겨져서 가난과 굶주림을 떠올리게 한다. 억압에 못 이겨 나라 밖으로 떠돌아야 했던 일과, 수백만의 무고한 목숨을 앗아가게 한 동족끼리의 전쟁도 결국은 여기에서부터 시작된다. 가마니는 짚으로 짠 그릇이다. 짚으로 짠 단순한 그릇의 엇갈린 올 속에는 결코 단순할 수 없는 역사가 숨어 있다.

짚으로 만든 것들이 다 그렇지만, 가마니도 오래 쓰면 낡고 해진다. 낡고 해지면 기워 쓰기도 하지만, 대개는 뜯어서 처마 밑에 비바람을 막는 가대기로 두르기도 하고, 울타리 뚫어진 데나 부서진 문짝을 가리기도 한다. 더 낡은 것은 도끼로 좆아서 흙과 함께 이겨 벽을 바르고, 그도 아니면 아궁이 불에 넣거나 두엄자리에 던진다. 홍수가 져서 제방이 터졌을 때나 해일이 일어났을 때 들것으로 만들어 흙을 날라다 붓거나 속에 흙을 채워서 다급하게 임시 물막이를 쌓는 것도 가마니였다.

이처럼 여러 군데 쓰이던 것도, 화학섬유로 짠 가볍고 질긴 폴리에틸렌 포대가 나오기 시작하면서 거의 순식간에 자취를 감추었다. 다만 가마니에 담기는 용량을 말하는 가마란 말은 지금도 남아 있어 '이십 킬로그램 한 가마' '사십 킬로그램 한 가마'라는 말을 쓴다.

농한기에 농가에서는 가마니를 짜 시장에 내다 팔아 가용으로 쓰기도
했지만, 가마니는 우리나라의 쌀을 수탈해 가기 위해 일제가 들여온
물건이다. 짚으로 짠 단순한 그릇의 엇갈린 올 속에는 단순하지 않은
역사가 숨어 있다. 경기도 파주시 광탄면, 1989.

작두와 손작두

추석이 다가올 때쯤이면 밭둑이나 산비탈에는 칡넝쿨이 엉글어서 노르스름하니 약이 찬다. 그러면 소를 키우는 사람은 아주 다 노래지기 전에 베어서 볏단만씩 하게 묶은 다음 한 줄로 길게 늘어 세워서 햇볕에 말린다. 칡순이 우거진 곳마다 가서 그렇게 한 주일이나 베어 말려야 큰 소의 한 해 겨울 먹이가 되는데, 베어 말리는 것이 꼭 칡순만은 아니다. 바랭이 풀도 베고 억새나 방울새 풀도 벤다. 밭에서는 소를 먹이기 위해 곡식 낟알을 떨어내고 난 콩대며 조나 수숫대, 옥수숫대, 메밀대, 고구마 넝쿨 따위, 심지어 깨 떨어낸 참깨 대까지 우듬지를 썰어서 햇볕에 말리고 쌓아 둔다. 들녘에서는 흔한 지푸라기를 소먹이로 쓰지만, 논이 귀한 산골에서 지푸라기는 아끼고, 대신 이런 온갖 풀들을 마련해서 한 베눌 크게 쌓아 놓아야 늦가을부터 이듬해 새 풀이 왕성해질 때까지 견디는 것이다.

작두는 짚이나 풀들을 쇠죽 끓이기 좋게끔 손가락만 한 길이로 써는 연장이다. 생김생김은 우듬지 쪽 가지가 Y자 모양으로 갈라진, 길이 백이십 센티, 지름 이십오 센티 정도의 통나무에, 길이 오십 센티 정도, 폭 십 센티 정도의 커다란 칼을 핀을 박아 고정시키고 칼자루 쪽엔 발판을 박고 고리를 달아 거기에 한 발쯤 되게 끈을 매단 모습이다.

이 작두로 두 사람이 풀을 써는데, 한 사람은 높이 삼십 센티 정도 되는 받침대 위에 올라서서 왼손에 작대기 같은 걸 짚고, 오른손엔 고리의 끈을 잡은 다음 오른발을 작두의 발판에 딛고 끈을 끌어올려 작두날을 벌린다.

그러면 또 한 사람은 그 사이에 풀을 먹여서 써는 것이다.

이것은 아주 위험해서, 작두를 밟는 사람이나 먹이는 사람 모두 잠시도 한눈을 팔아서는 아니 되며 다른 생각을 해서도 아니 된다. 특히 풀을 먹이는 사람은 자칫 잘못하면 작두날에 손가락을 잘릴 수 있고, 밟는 사람 역시 몸의 중심을 잃거나 발판에서 발이 미끄러지면 날에 발을 다친다. 하지만 작두보다 높은 받침대 위에 올라서서 발로 썩썩 밟는 것은 밟는 사람의 몸무게를 이용하기 위한 방식이라 힘이 덜 들어서 오래도록 많은 양을 썰 수 있다.

그에 비해 손작두는 땅에 구부리고 선 자세로 삐그덕 삐그덕 두 손으로 손잡이를 올렸다 내렸다 하면서 썰어야 하기 때문에 발 작두에 비해 힘이 서너 배 더 든다. 또 다른 손작두로, 두꺼운 나무판자 위에 칼날을 거꾸로 박고 홈이 있는 누름쇠의 손잡이를 눌러서 써는 것도 있는데, 한 끼 정도 먹일 적은 양의 여물이나 약초 따위를 썰 때 사용한다.

여물을 썰어서 쇠죽을 끓여 먹이는 것은 늦가을 풀이 시든 때부터인데, 그때부터는 궂은 날이 많으므로 한꺼번에 많이 썰어 놓고 먹인다. 헛간이나 외양간의 한구석에 수숫대나 대나무로 발을 엮어 고구마 통가리처럼 여물간을 만들고, 거기에 한 달 정도 먹일 양을 썰어서 쟁여 두고 쇠죽을 끓일 때마다 조금씩 꺼내서 쓰는 것이다. 그러나 옛날에는 눈이 한번 오기 시작하면 한 달도 넘게 오기도 하므로 그런 때는 눈을 치우고 이른 새벽 마당이 꽁꽁 얼었을 때 여물을 썬다. 장갑도 변변하게 없는 때인지라 풀을 먹이는 사람은 아궁이의 불을 화로에 담아다 옆에 두고 쪼이면서 해도 손이 시린데, 밟는 사람은 열이 나서 웃통을 벗어부치고 입으로는 허연 김을 푹푹 내뿜는다.

풀이 눈비에 젖으면 대체로 잘 안 썰어지지만, 젖든 젖지 않든 콩대가 가

논에 넣을 거름을 만들기 위해 산의 연한 갈잎(참나무 잎)을 베어다
작두로 썰고 있다. 쇠죽을 끓이기 위한 여물도 이렇게 썬다.
강원도 삼척시 도계읍 신리, 1977.

장 썰기 힘들다. 작두를 디디는 발이 미끄러지지 말라고 짚신을 신어도 잘 썰어지지 않는 콩대를, 요령 없이 밟으면 발바닥 장심이 부르터 고생도 한다. 가는 나무줄기가 섞인 산의 갈풀을 썰어 거름을 만들 때도 작두는 없어서 안 될 연장이다.

끈이 달린 손잡이 부분을 발로 밟아 풀을 써는 발작두이다.

벼훑이

논밭에서 잘 자라는 곡식들을 바라보는 것은 농부라면 누구나 기쁘고 즐거운 일이다. 여름에 햇볕 아래서 모심고 김매며 땀 흘렸던 일도 하루가 다르게 커 가는 곡식들을 보면 오히려 대견하다. 힘들어도 논둑과 밭둑 풀을 한 번 더 베어 단정하게 하고, 혹시 병이 올까 봐 몸으로라도 밭 주변을 둘레를 치듯 자주 돌아본다. "곡식들은 아침저녁으로 이슬을 차고 오는 주인의 발자국 소리를 듣고 여물어 간다"고 하지 않았던가.

곡식들이 자라는 모습은 그것을 가꾸고 키운 농부의 얼굴이며 품성이다. 자존심이며 자랑이다. 무엇과도 견줄 수 없는 자기 자신이다. 그래서 언제까지나 거기 그대로 함께 있는 그 순간이고 싶다.

곡식을 거둬들인다는 것은 기쁨이지만, 한편으로는 말할 수 없는 서글픔이기도 하다. 자기 자신이 베어지는 느낌을 지울 수가 없다. 햇빛과 바람, 비와 이슬을 맞으며 함께했던 지난날의 기억들이 한순간에 흔적도 없이 사라져 갈 때 우리가 느끼는 것은 수확의 기쁨보다는 더는 어찌할 수 없는 깊고 깊은 슬픔일 뿐이다. 그것은 근원적이며 덧없는 것이다. 저와 내가 다르지 않아서 우리의 한 생애가 무한 우주 속에 찰나로 흘러간다.

벼훑이는 씨앗을 뿌리는 일과 거둬서 갈무리하는 일의 마지막에 놓인 안타까운 연장이다. 이것은 쪼갠 대나무나 철사, 수수깡 따위를 반으로 접어서 집게처럼 만들거나 가지가 갈라진 나무줄기로 만든다. 그 줄기 사이에 덜 익은 벼이삭을 끼우고 잡아당겨서 훑어낸다. 너무도 단순하여 연장이

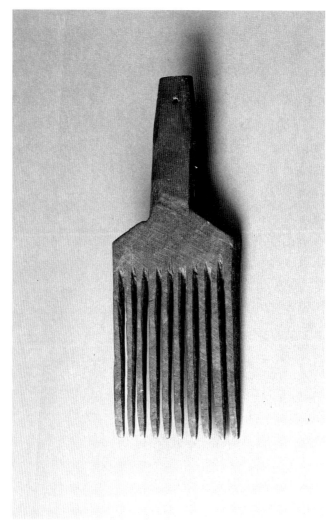

벼훑이에는 대오리나 철사, 가지가 갈라진 나무로 만든 가락홀태와,
주걱 모양의 나무판자를 빗처럼 깎아 만든 손홀태가 있다.

라고 할 수도 없는 연장이다.

덜 익은 곡식을 베어서 떨어낸다는 것은 양식이 떨어졌다는 말이기도 하다. 생산력의 발달이라는 단계에서 보면 이것은 원시적인 도구여서 적은 양의 곡식을 떨어낼 수밖에 없다. 생산량의 증가에 따라서 보다 발전된 것으로 바뀌지만, 그러나 가난한 농부의 살림살이만큼이나 생명력이 질겨서 지금도 노인 있는 옛집의 기둥 못에는 벼훑이가 까맣게 그을린 채 걸려 있기도 하다.

훑이는 두 가지가 있다. 대오리나 철사, 가지가 갈라진 나무로 만든 것은 가락홀태라 하고, 어른 손바닥만 한 주걱 모양의 나무판자를 빗처럼 깎아서 빗살 사이로 낱알을 훑게 만든 것은 손홀태라고 한다. 홀태란 '훑이'의 사투리지만, 대부분 홀태라 부르기에 그대로 굳어진 말이다.

손홀태는 나중에 좀 더 커지고 재료도 쇠로 바뀌면서 그네라는 연장으로 변했다. 하지만 예전 말이 그대로 남아서 그네도 그냥 홀태라고 부르는 지방이 많다. 가락홀태는 하루에 고작 반 가마 정도의 나락을 훑을 수 있다.

수확하고 난 논에 떨어진 이삭을 둥구미에 주워 모았다가 나중에 일 한가할 때 할머니들이 양지쪽 마루에 앉아 졸다 깨다 하면서 훑이로 하나하나 훑어내던 모습을 다시 보고 싶다.

지금도 종자로 쓸 나락은 콤바인과 건조기 대신 낫으로 베고 홀태로 훑어 햇빛에 말려야 좋다.

주루막

짚으로 짠 그릇 중에서 주루막처럼 정겹고 허물없는 것이 또 있을까 싶다. 이것은 산골에 사는 사람은 말할 것도 없고, 들녘에 살거나 해변에 살거나 항상 몸에 걸메고 다닐 수 있는 것이어서 그렇다. 주루막은 옛 사람들의 배낭이고 핸드백이되 지금의 것과는 비교도 되지 않게 품격이 높아 유행도 타지 않으며, 때가 묻거나 어디에 긁히지도 않고, 어디에 놔두든 무엇을 담든 다 어울리는 몸 그릇이다.

이것은 물건을 담아 아가리를 죌 수 있지만, 성글어서 눈여겨보면 속의 것이 보이는 후덕함이 있다. 어깨에 멜 수 있지만, 손에 들어도 나쁘지 않은 편안함이 있다. 여차하면 땅에 놓고 깔고 앉아도 괜찮다. 그러다가 공중에 휙 집어던져서 되받는다 해도 불평도 없다. 사람이 세상을 살다가 갑자기 미친 바람이 들어서 길을 떠날 때, 누구도 알아주지 않는 그 사람의 마음을 등 뒤에 멘 주루막은 높이 알아주어서, 깔고 앉든 집어던지든 피로해서 베개로 삼든 오로지 웃고 있을 뿐이다. 하회탈처럼.

그러나 뭐니뭐니 해도 주루막은 심마니의 등에 척 하니 메어져야 제격이다. 피나무 껍질을 꼬아서 짜면 더욱더 최상품인 이것은, 둥구미처럼 엮는 게 아니라 발처럼 엮어서 속 너비는 좁고 울은 깊게 했다. 그 속에 산삼이라도 서너 뿌리 캐 담을 수 있으면 그 어떤 보물과도 견줄 수 없다. 산삼은 아니더라도 산 작약 몇 뿌리도 괜찮고 버섯이라도 좋다.

소박해서 더 빛이 나고 멋이 있는 이것은, 방물장수의 등에 메어져 온갖

주루막은 뭐니뭐니 해도 심마니의 등에 메어져야 제격이다.
강원도 강릉시 연곡면 삼산리, 1991.

방물이 담겨도 어울린다. 주루막을 지역에 따라서는 구럭이라고도 했는데, 바람 따라 구름 따라 어디든지 떠돌아야 삶의 의미를 갖는 방물장수들은 이 주루막과 함께 보이는 듯 보이지 않게 길에서 낡아 가고 스러져 갔을 것이다.

산 너머 저쪽에는
누가 사나?

뻐꾸기 영 우에서
한나절 울음 운다

산 너머 저쪽에는
누가 사나?

철나무 치는 소리만
서로 맞아 쩌르렁!

산 너머 저쪽에는
누가 사나?

늘 오던 바늘장수도
이 봄 들며 아니 뵈네

　─정지용, 「산 넘어 저 쪽」

나 어렸을 때 우리집엔 구럭 할매라는 아주 쪼그마하고 깔끔한 방물장수 한 분이 농사일 끝나는 늦가을 무렵이면 찾아와 며칠씩 묵다 가곤 했다. (구럭 할매는 나와 내 바로 위의 누님이 지은 별명이다) 그 할매의 구럭 속엔 바늘, 실, 분가루, 색실, 비누, 빗, 손 트는 데 바르는 약, 고약 따위의 온갖 것들이 들어 있었지만, 정작 내게 기억이 남는 건, 조그만 할머니가 구럭을 등에 메고 조용하게 마당가에 들어서는 모습이다. 그러나 그 할머니가 언제부터인가 아니 뵐 때, 나는 그때는 그것을 몰랐는데 나이 오십이 넘은 이즈음에야 그 아니 뵈었던 것이 이렇게 서글플 수가 없다.

금년 겨울에는 그 구럭 할매를 그리는 마음으로 주루막을 하나 만들어 보고 싶다. 지금 세상은 애달파 구하지 않아도 전화 한 통화 혹은 클릭 한

요즈음의 배낭처럼 주루막의 멜빵끈도 늘이고 줄일 수 있게
만든다. 지역에 따라서는 주루막을 구럭이라고도 부른다.

번에 원하는 것이 금방 문 앞에 배달되는 세상이지만, 오랜 시간에 걸쳐 주루막을 만들고 그걸 메고 구도求道의 길을 나서듯 떠나 보면 우리가 세상에서 궁구窮究하는 것이 무엇인지 주루막은 말해 주지 않을까.

주루막과 비슷한 것 중에는 꼴망태와 망태기가 있다. 망태기는 주루막처럼 엮기도 하지만 아가리를 죄지 않고 그 대신 끈을 달아서, 메고 들에 나갈 때는 호미, 낫 같은 연장이나 새참거리를 담아 갔고, 장보러 갈 때는 요즈음의 장바구니처럼 사용했다. 꼴망태는 소에 먹일 풀을 베어 담거나 솔갈비 따위를 담아서 나르는 데 썼다. 망태라는 말은 '망으로 된 자루'라는 뜻이다.

달구지와 쇠신

달구지는 소나 말이 끄는 수레이다. 바퀴가 네 개인 것과 두 개인 것이 있고, 쇠바퀴이거나 나무에 쇠태를 씌운 나무바퀴였는데, 자동차가 많이 생기기 시작하자 다 없어지고 자동차의 고무 타이어 바퀴를 쓰는 두 바퀴 달구지만 남았다. 네 바퀴 달구지는 짐을 실어도 소에게 짐의 무게가 실리지 않아 소가 쉴 수는 있으나 달구지 자체가 무겁고 방향을 틀기가 어려웠다. 이에 비해 두 바퀴 달구지는 짐의 무게가 소에 실리는 단점은 있지만, 짐을 실을 때 바퀴 축을 중심으로 앞과 뒤에 고루 실으면 소에게 그다지 큰 부담이 가지 않을뿐더러 방향 전환이 쉽다.

달구지를 쓰려면 우선 달구지가 다닐 수 있는 넓은 길이 있어야 한다. 그렇지 않고서는 제 아무리 좋은 달구지가 있어도 소용없는 일이다. 지금이야 달구지 하면 한가로운 시골길이 먼저 떠오르겠지만, 시골에 달구지가 생긴 것은 최소한 마을과 마을 사이에 신작로가 생기고 난 후부터이다. 산골 마을일수록 달구지 구경도 늦었겠다. 그러니까 달구지는 사람이 많이 모여 사는 곳, 즉 대처大處와 읍, 면, 그 가까운 마을, 산골마을 순으로 굴러왔다는 이야기다. 그러다가 자동차가 생긴 후부터는 그 반대로 도시에서부터 달구지가 없어져서 지금은 좋은 차가 드나들기 어려운 산골마을에만 간간히 남아 있지 않은가 싶다.

내가 달구지를 처음 본 것도 초등학교 이학년 무렵 우리 동네에 신작로가 닦일 때이다. 그때까지는 눈이 오나 비가 오나 이웃마을에 있는 학교에

자동차의 고무 타이어 바퀴가 달린 두 바퀴 달구지다. 소의 꽁무니께에는
소똥을 받을 수 있도록 거적을 매달기도 했다. 서울시 마포구 상암동
난지도 샛강, 1969.

가려면 무조건 책보자기를 허리에 조여 매고 십 리 가까운 산길, 바닷길을 뛰고 달려야 했는데, 어느 날 신작로가 난다고 술렁이면서 마을의 어른들은 거의 다 지게 바작(발채)에 괭이, 삼태기를 들고 신작로 닦는 일을 나갔다. 그리고는 며칠씩 일을 하면 밀가루 한 포대씩을 받아왔었다. 나중에 알고 보니 그것은 '480 양곡'이라는 이름의 미국의 잉여농산물로 우리나라에 무상원조 됐던 것을, 신작로 닦는 일을 시키고 품삯 대신 나눠줬던 것이다. 괭이로 산허리를 깎고 삼태기로 흙과 돌을 담아다 바닷길을 메우며 어른들이 일을 하는데, 그곳에 소달구지 한 대가 와서 흙을 실어 나르던 것이 내가 처음 본 달구지 모습이다.

나는 지금도 그 산허리의 생흙이 깎이고 매워지며 풍겨내던 물큰한 냄새를 잊지 못한다. 그것은 나무의 뿌리 냄새, 칡뿌리 냄새, 흙 속에 박혀 있던 돌의 냄새, 그 속에 살고 있던 목숨 가진 것들의 속살 냄새가 어우러진 것

짚으로 짠 쇠신. 본디 네 짝이 한 켤레이다.

일 텐데, 날마다 조금씩 조금씩 닦이는 신작로를 지나가노라면 어느 순간 혹 하고 그 냄새는 끼쳐 왔다. 그것은 원시의 냄새이면서 문명의 냄새였다. 동시에 불온한 냄새이기도 했다. 그렇게 신작로가 닦이자 그때부터 이틀에 한 번 우체부의 자전거가 오고, 사흘에 한 번 술도가의 막걸리통과 술춘(옹기로 만든 소주 통)을 실은 말 구루마車가 오고, 성냥, 국수, 비누, 석유 따위를 실어 오고, 쌀과 보리를 실어 내가고, 땔감도 실어 내가고, 우리는 가끔 그 구루마 뒤를 얻어 타는 것을 더없는 재미로 알았다.

쇠신은 달구지를 끌고 다니는 소의 발톱과 발바닥이 닳거나 다치지 말라고 짚으로 만들어서 신기는 네 짝의 손바닥만 한 짚신이다. 뒤쪽에는 두 개의 고리가 있어 신을 신기면 앞축에서 뺀 두 가닥의 새끼를 뒤의 고리에 각각 걸어서 다시 앞으로 돌려 묶는다. 닷새마다 열리는 소장 근처엔 이것을 하루 종일 삼아서 파는 사람도 있었다. 무거운 짐을 실은 달구지를 끌고 뾰족한 돌이 수없이 박힌 신작로를 오가는 소에게 쇠신은 없으면 안 되는 물건이다. 하지만 흙살 무른 논밭에서 일할 때는 굳이 필요 없다.

부뚜

부뚜는 곡식에 섞여 있는 티 검불이나 재 먼지 따위를 날려 보내기 위해서 만든, 바람을 일으키는 연장이다. 돗자리처럼 생긴 부뚜는 질긴 왕골 풀이나 아주 가는 새끼줄로 폭 오륙십 센티, 길이는 백오십에서 이백 센티쯤 되게 자리틀을 써서 짜고, 양끝은 나무나 대나무 토막을 붙여 (부뚜손이라 부르는) 손잡이를 만든 것이다.

사용법은, 부뚜를 반으로 접어서 가운데 발을 넣어 밟고 양손으로 부뚜손을 잡은 다음 적당히 팽팽하게 위로 당겨서 손뼉 치듯, 날갯짓하듯 마주 흔들어서 바람을 일으킨다.

곡식은 어떤 것이든 탈곡을 하게 되면 검불이나 까끄라기, 먼지 같은 것이 생기는데, 그 중에서 나락은 그네에 낟알을 훑기 때문에 먼지가 별로 생기지 않는다. 하지만 이삭이나 대궁까지 멍석이나 흙 마당에서 도리깨 타작을 하는 보리, 조, 기장, 콩, 팥 따위는 껍질이 바수어지므로 검불과 먼지가 많이 생긴다.

검불은 갈퀴로 대강 긁어내더라도 이 먼지는 바람에 날려 버려야만 하는데, 때맞게 바람이 불어오면 몰라도 그렇지 않으면 사람이 연장을 써서 바람을 일으킬 수밖에 없다. 그래서 부뚜질로 이런 것들을 멀리 날려 보내는 것인데, 쌓아 놓은 곡식 앞에서는 제아무리 부뚜질을 해 봐야 먼지가 날아가질 않는다. 그러므로 넉가래로 퍼서 부뚜 앞에 높이 쳐들어 주루루 쏟아지게 하든지, 둥구미나 키, 함지 같은 그릇에 담아서 슬슬슬 쏟아 내리면서 부뚜 바람에 날려 보낸다.

    타작한 곡식이 많으면 부뚜질도 힘이 든다. 도리깨질 하느라 가뜩이나 땀이 나고 더운데, 바람 한 점이 없어 부뚜질까지 해야 된다면 또 한 번 먼지를 뒤집어 쓸 일이 걱정이겠다. 그렇다고 해서 티 검불이나 재 먼지를 알

부뚜를 반으로 접어서 가운데에 발을 넣어 밟고 양손으로
부뚜손을 잡은 다음 적당히 팽팽하게 위로 당겨서 손뼉 치듯,
날갯짓하듯 마주 흔들어서 바람을 일으킨다.

곡과 함께 담아 둘 수는 없는 일이다. 타작을 하다가도 저 산 너머에서부터 바람이 불어온다 싶으면 도리깨꾼 몇 명은 도리깨 대신 다른 그릇들을 찾아들고 바람에 곡식들을 되린다.

바람에 촬촬 먼지가 날아가고 알곡만 소복하게 바닥에 쌓이면 마음까지 다 시원하고 개운하다. 그러나 이 바람이라는 것이 항상 그렇게 속 시원하게 불어 주지를 않는다. 바닷가라면 바닷물이 들어오는 밀물 때 바다 쪽에서 바람이 일어나 들어오고, 썰물 때는 반대로 산에서 바다 쪽으로 빨려 가는데, 잠깐 불고 멈췄다가 또 잠깐 불고 해서 감질날 때가 많다.

커다란 둥구미에 하나 가득 곡식을 퍼 담아서 좋아라고 바람에 먼지를 날리는데, 그만 바람이 뚝 하고 그치면 그걸 높이 쳐들고 다시 바람이 불어오길 기다리는 답답함이라니. 그러다가 또 잠깐 감질나게 불어와서 곡식을 쏟아 내리면 이번에는 먼지가 잘 날아가지 않아서 이미 깨끗하게 들여진 곡식과도 섞여 든다. 이럴 땐 저절로 "에이 씨!" 하고 이상한 소리가 입 밖으로 튀어나온다. 어른들 말씀에 바람이 이러는 것은 바람도 숨을 쉬다가 멈추고 깜빡 졸기 때문이란다.

자는 바람 깨기 기다리며 답답해하느니보다 좀 힘들더라도 부뚜를 잡고 바람을 만들어 보자. 무슨 일이든지 공으로 쉽게 하려다가 그것이 안 되면 괜히 똘 부아만 나는 법이므로, 차라리 단념하고 (둠벙을) 막고 (물을 한 대야씩) 품는 식으로 해 보자. 그러면 보기와는 달리 쉽게 바닥이 드러난다.

종다래끼

그릇을 만드는 재료들을 꼽아 보면 참으로 여러 가지다. 그 중에서 많이 쓰이는 재료 하나를 꼽으라면 대나무가 아닐까 싶다. 대나무는 따뜻한 지방이라면 어디에서건 곧게 잘 자라며 길고 가늘게 갈라지고 질기고 휘는 성질이 좋아서 그릇을 겯기엔 안성맞춤이다. 대나무는 또 찬 성질을 가지고 있어서 음식이나 물건을 담아 상하지 않게 갈무리해 두는 데도 좋다. 따라서 그릇을 겯는 것뿐만이 아니라 살림에 필요한 여러 가지 도구라든지 장식과 공예품을 만드는 데도 두루 쓰인다. 대나무로 유명한 전남 담양潭陽에는 대나무로 만든 물건들만 거래하는 시장이 있고, 대나무로 만든 모든 것을 전시하는 박물관이 있는 것을 생각하면, 대나무의 쓰임을 짐작할 수 있겠다.

대나무를 쪼개서 대오리를 만든 다음 밑은 긴 네모가 지게 겯고 위로 올라오면서는 둥글게 겯되 아가리는 단지 모양으로 오무린 것이 다래끼이다. 이 다래끼를 아주 작게 만들어서 멜빵을 달고 그 속에 씨앗을 넣어 놓거나 어깨에 메고 다니면서 씨앗을 뿌리는 데 쓰는 것을 종다래끼라 한다. 아주 작다고 했지만, 사실 큰 것은 그 안에 곡식을 약 이십 리터도 담을 수 있다. 그러니까 좀 커도 끈을 달아서 어깨에 메고 씨를 뿌리는 데 쓰면 종다래끼인 것이고, 좀 작아도 끈을 달지 않으면 종다래끼 감이되 그냥 다래끼인 것이다.

이 종다래끼는 대오리로 겯기 때문에 성글기도 해서 조나 기장 따위의

개구쟁이 형제가 멘 종다래끼 속에는 꼭 냇가에 나가 잡은 물고기가 들어
있을 것만 같다. 강원도 홍천군, 1978.

낱알이 작은 곡식은 담지 않고, 옥수수나 수수, 콩, 팥, 녹두 같은 굵은 곡식을 담는다. 그러나 대오리가 아닌 댕댕이덩굴이나 인동 넝쿨 같은 가는 풀오리로 겯는 종다래끼는 작은 씨앗도 담을 수 있다.

종다래끼는 또 고리버들이나 싸리나무로도 겯는다. 싸리로 결을 때는 칠월쯤 벤 싸리로 해야 물기가 많아서 잘 결어진다. 이때의 싸리는 가지런하게 베어서 밑동과 대궁을 잡고 휘휘 감아 비틀면 부러지지 않고, 올이 꼬이듯 비틀려서 휘어 올리고 감아 붙이기 쉽다. 고리버들도 곧은 것을 베어서 이와 같은 방법으로 겯는다.

작고 아담한 종다래끼는 보기에도 귀엽다. 여기에 삼 껍질이나 왕골, 또는 자오락으로 꼰 부드럽고 질긴 끈을 달면 금방 어깨에 메고 나가 씨앗을 뿌리든지 무얼 한가득 담아 오고 싶어진다.

씨앗을 담아 뿌리는 것이 종다래끼만은 아니다. 짚으로 멱둥구미처럼 둥글게 엮지만, 두 겹이 아닌 한 겹으로 조그마하게 엮어서 종다래끼처럼 어깨에 멜 수 있게 끈을 달면 씨앗 뿌리는 데 쓰는 씨망태요, 삼태기처럼 엮지만 앞 터진 부분의 운두는 높게 엮어 역시 어깨에 멜 수 있게 끈을 달면 씨앗 뿌리는 데 쓰는 씨삼태다. 이 세 가지가 모양은 서로 달라도 어깨에 멜 수 있게 끈을 단 것은 똑같고, 크기 또한 자그마하다는 점이 같다. 씨망태와 씨삼태는 짚으로 엮지만 종다래끼만은 대오리나 버들, 싸리로 겯는게 다르다. 그러므로 종다래끼를 메고 냇물에 나가 물고기를 잡아 담는 데에도 허물없이 많이 쓰인다. 마찬가지로 어촌에서는 생선을 담아 나르는데 커다란 종다래끼나 다래끼를 많이 쓴다.

풍구

풍구는 바람개비를 돌려서 바람을 일으키는, 가로 약 이 미터 오십 센티의 나무판자로 짠 네모난 기구로서, 곡물의 먼지나 검불, 쭉정이 따위를 날려 보내는 연장이다.

위쪽에는 타작한 곡물을 쏟아붓기 좋게 아가리가 넓은 구멍을 내었으며, 바로 그 밑엔 쏟아부은 곡물의 양이 일정하게 아래로 떨어져서 바람에 날릴 수 있게 여닫는 조절 장치를 두었다. 기구의 가장자리 안쪽에 있는 바람개비는 넉 장의 얇은 나무판자로 수차水車의 날개처럼 만들어, 손잡이를 잡고 돌려서 일으킨 바람이 일정하게 아래로 쏟아지는 곡물에 섞인 나쁜 것들을 날리면, 골라진 알곡은 알곡대로 한쪽 옆으로 나오고, 검불, 먼지, 쭉정이들은 바람개비의 반대쪽으로 나간다.

이 풍구로는 한 시간에 열에서 열다섯 가마 정도를 고를 수 있는데, 바람개비를 돌리는 사람이 바람의 세기를 손으로 조정해야 되기 때문에 몹시 힘이 든다. 위에서 쏟아지는 곡식의 양은 조절 장치에 의해 항상 그대로인데, 바람개비를 빠르게 돌렸다 느리게 돌렸다 하면 알곡이 쭉정이와 함께 섞여 나가기도 할 것이며, 반대로 쭉정이가 덜 빠져서 알곡에 섞이기도 하기 때문이다. 그래서 나중에는 바람개비에 조그만 전동기(모터)를 달아서 돌리기도 하였으며, 바람개비를 개량하여 크기를 작게 한, 함석으로 만든 풍구가 나와서 널리 쓰이게도 되었다.

곡식에 섞인 먼지나 검불 따위를 바람을 일으켜서 골라내는 재래식 연장은 부뚜, 되림부채, 키 따위인데, 풍구는 족답식 탈곡기와 함께 기계 장치가 결합된 도구이다. 따라서 만드는 것도 일반 농가에서는 불가능해 풍구만을 전문으로 만드는 사람이 만들며, 웬만큼 농사짓는 사람이 아니고서는 사기도 어려운 연장이다. 그러므로 한 마을에 기껏 한두 개나 두세 개 있는 것이 보통이었다. 이러한 연장은 이웃 간에도 서로 빌려 쓰기가 어렵

나무상자로 된 풍구는 나중에 바람개비를 작게 하고 모터를 단
함석 풍구로 개량되어 농가에 널리 보급되었다.

다. 괭이 같은 것은 빌려 쓰다가 자루가 부러지면 산에서 나무 하나 베어다 자루를 만들어 돌려줄 수 있지만, 이것은 그렇게 할 수가 없는 것이다.

앞서 얘기했듯이 함석 풍구는 그리 오래되지 않은 때에 개량되어 나왔다. 우리나라에서 벼농사가 비약적으로 발전하여 단위면적당 수확량이 거의 곱으로 늘어나는 칠십년대 이후에 일반 농가에 많이 보급되어서, 이때는 웬만하면 손쉽게 갖추어 두고 쓸 수 있는 연장이 되었다.

풍구와는 달리 나무상자 없이 톱니바퀴를 이용하여 손으로 돌려 바람을 일으키는 바람개비라는 것도 곡물에 섞인 먼지나 검불 따위를 날리는 데 썼다. 바람개비의 날개는 보통 석 장으로, 회전 지름은 약 일 미터이며, 날개를 빨리 돌리기 위해서 서너 배의 차이가 나는 톱니바퀴 두 개를 이용하였다. 그러니까 풍구의 바람을 일으키는 방식은 수차형인데, 바람개비는 시쳇말로 하면 선풍기형이다. 그래서 지방에 따라서는 팔랑개비라고 부르기도 하며, 한 시간에 고를 수 있는 곡물의 양은 약 다섯 가마에서 일곱 가마 정도이다. 이 바람개비는 1900년대 초기에 일본에서 들여왔다.

넉가래

가래라는 이름을 가진 연장이 많은데, 그것의 대부분은 논이나 밭에서 흙을 고르거나 땅을 파는 데 쓰인다. 그러나 넉가래는 이런 가래와는 달리 쇠날을 덧대지 않고 나무로만 큼지막하게 만들어서, 곡식을 퍼 널거나 밀어서 모으기도 하고 퍼 담기도 하며, 부뚜나 바람개비 앞에서 곡식을 퍼 올려 검불을 날리는 데도 쓴다. 넉가래란 말은 '넓적한 날을 가진 가래'라는 뜻에서 나온 것인데, 지역에 따라서는 가래, 나무가래, 혹은 죽가래라고도 부른다.

만드는 방법은, 넓고 두꺼운 판자에 가래의 모양대로 본을 떠서 톱으로 자르고 자귀와 끌로 깎아내는 식이다. 그러면 가랫날과 장부(자루)가 한 몸으로 만들어진다. 크기는 가로 삼십, 세로 사십 센티쯤 되게 하고, 장부는 손에 잡기 좋은 굵기로 길이는 일 미터에서 일 미터 반쯤 되게 한다.

넉가래는 곡식 말리는 데 쓰긴 하지만 눈을 치우는 데도 많이 쓰인다. 그래서 지방에 따라서는 눈가래 혹은 눈장부라고도 부르는데, 주로 가볍고 부드러운 버드나무로 만들지만 소나무도 무난하다. 나무로 만든 연장들이 대부분 무겁고 단단한 나무들을 쓰는데, 넉가래만큼은 논밭에서 쓰는 연장이 아니기 때문에 가볍고 부드러운 나무를 쓰는 것이다. 그것은 넉가래로 눈을 치워 보면 금방 알 수 있다.

마당에 쌓인 눈을 치워내자면 연장으로는 우선 삽을 생각할 수 있지만, 삽은 날이 얇고 단단한 쇠로 되어 있기 때문에 흙이 파이고 돌에 부딪혀 알

소나무로 만든 넉가래가 벌어져서 가로로 좁은 나무판을 대고 못을 박아
수선했다. 강원도 삼척시 도계읍, 2003.

맞잖다. 그런데 넉가래는 바닥에 대고 쭉쭉 밀어도 땅에 닿는 면의 날이 뭉툭하면서 비스듬하고, 더군다나 부드럽고 무른 나무여서, 단단한 것에 부딪혀도 미끄러지듯 밀어진다. 땅이 파이지 않아서 좋은 것이다.

어쨌거나 넉가래는 처음에는 곡식을 퍼 널거나 퍼 담거나 퍼 올려 검불을 날리는 데 쓸 목적으로 만들었다 하더라도, 눈이 많이 오는 곳에서는 나중에 눈 치우는 데 많이 쓰는 걸로 굳어진 연장이 아닌가 하는 생각이 든다. 우리가 쓰는 농사 연장이 어느 것 한 가지에만 쓰임새가 있는 게 아니므로, 어느 것이 먼저냐 하는 것은 별로 중요한 일이 아닐 수도 있겠다. 연장은 이웃 지방이나 형편에 따라서 서로 조금씩 비슷하게 겹쳐 있으며, 거리가 멀리 떨어질수록 같은 이름이라도 다른 목적으로 쓰거나 같은 쓰임새라도 이름이 다른 경우가 종종 있다. 칼로 두부 자르듯이 이것저것으로 분명하게 나눌 수만은 없는 것이다.

그럴지라도 넉가래에게는 어떤 품위가 있다. 지금은 가을에 거둬들인 벼를 짚 멍석 대신 길에다 긴 나일론 멍석을 펴서 말리고 고무래와 넉가래도 플라스틱으로 만든, 모양마저 변형된 것들을 쓰고 있는데, 이것들이 더 편리하고 효율적일지는 모르나 왠지 가볍고 천박해 보인다. 물론 석유화학 제품이 공장에서 대량으로 찍혀 나오니 똑같은 것이라 그럴 수밖에 없겠지만, 한 집 건너 하나씩은 있었던 예전의 그 넉가래는 가장의 솜씨에 따라서, 쓰고 건사해 두는 방법에 따라서, 그리고 대를 물려 가면서까지 쓴 연류에 따라서 우리에게 많은 이야기를 들려준다. 그 집안의 살림살이를 온몸으로 지키겠다는 양, 헛간 문 옆에 곧추서서 정답고도 의연한 품위를 잃지 않는 넉가래, 한번쯤 눈여겨보자.

먹서리

먹서리는 멍석 엮듯 짚으로 엮은, 곡식을 담아 두는 그릇이다. 한 겹으로만 짜며, 밑바닥이 네모지거나 둥글고, 운두는 넓고 높다. 한 가마 이상의 곡식을 담는 것이 많다. 먹서리는 곡식을 담아 나르기보다는 담아 두려고 만드는 것이기에, 한 겹으로만 엮되 크게 엮는다. 그러므로 곡식을 담아 두지 않을 때는 접어 둘 수 있는 게 먹서리의 특징이다.

곡식을 담아 둔다 해도 고구마나 감자처럼 썩기 쉬운 것은 먹서리에 잘 담지 않는다. 잠깐 동안이라면 몰라도 그런 것을 오래 담아 두었다가 속에서 썩기라도 하면 썩은 물이 흘러 먹서리까지 썩을 것이기 때문이다. 커다란 먹서리엔 조 이삭, 옥수수자루, 수수 따위의 아직 떨어내지 않았거나 애벌 떨어낸 거친 북섬이들을 많이 담아 두며, 추수하고 난 논이나 밭에서 주운 이삭들을 차곡차곡 갈무리해 두기도 한다. 이것들은 일이 한가해질 때쯤 멍석에 쏟아부어 낱알을 떨어낸다.

방 윗목에 만들어서 겨우내 고구마를 넣어 두었던 통가리는 봄이면 들어내고, 밑에 남은 고구마는 썩거나 상한 것을 골라내 버리고 먹서리에 담아 둔다. 이때는 고구마가 썩을 일이 거의 없기 때문이다. 한 가마 정도 들어가는 먹서리 세 개에 고구마를 채웠다면 세 가마인데, 이것을 저장해 두자고 커다란 통가리를 언제까지나 좁은 방에 놔둘 수는 없는 것이다. 이럴 때 먹서리가 정말 좋다.

아직 지게를 지지 못하는 어린아이들은 지게 발채(바작) 대신 먹서리를

멱서리는 밑바닥이 네모지거나 둥글고 운두는 넓고 높아 한 가마 이상의
곡식을 담는 경우가 많으며, 비어 있을 때는 접어 둘 수 있는 짚 그릇이다.
경상북도 문경시 가은읍, 1996.

가지고 꼴을 베러 다니기도 했다. 칡넝쿨 같은 거친 풀이 아니라 밭둑에 나는 바랭이처럼 작고 연한 풀을 한 줌 한 줌 베어서는 먹서리에 차곡차곡 담고 멜빵끈으로 묶어서 걸머지고 집으로 온다. 이때의 먹서리는 훌륭한 꼴바작인 셈이다. 어느 순간엔 재미있는 놀이기구가 된다.

나는 어렸을 때 아버지 어머니를 따라 고모할머니 댁에 밤마실을 자주 갔는데, 육촌 형제들과 어울려 노는 곳은 큰방 뒤에 붙은, 고구마 통가리가 놓여 있는 어둠침침한 골방이었다. 고구마 통가리 옆에는 언제나 커다란 먹서리 하나와 둥구미들이 놓여 있었는데, 산밭을 일궈 해마다 그곳에 고구마와 조(서숙)를 심는 고모할머니네는 먹서리에 서숙 모개를 담아 두곤 했다. 우리는 서숙 모개를 둥구미에 옮겨 담는다. 그러고는 둘씩 빈 먹서리에 들어가 앉아 그것을 앞뒤로 굴리거나 방바닥을 몇 바퀴씩 끌고 다니는 놀이를 했던 것이다. 할머니네 먹서리는 유난히 커서 그냥 놔두면 반으로 접히고 한 사람이 들어가 누우면 한 바퀴를 도르르 말 수 있었다.

애들이 노는 방이라고 석유 등잔은 아예 벽에 걸어 두었고, 낡은 이불이 깔린 아랫목은 따뜻해서 놀다가 배가 고프면 통가리의 고구마를 깎아 먹으며 이불 속에다 발을 모았다. 할머니 집엔 식구들이 많아서 큰방엔 어른들이 있고 윗방과 정지방엔 형님과 누님들이 한방 가득 모여 앉아서는 밤에 놀았는데, 항상 시끌벅적한 웃음이 끊이지 않았다. 놀다가도 나는 가끔 큰방에 불려 가 어른들에게 이야기책을 읽어드리곤 했다.

그러나 큰형님이 군대를 갔다 온 후부터 폐를 앓았는데 한번 드러눕자 할머니 집은 웃음이 끊기고 울안엔 찬바람이 감돌았다. 몇 년을 그렇게 앓던 사람이 죽고 나자 집안은 걷잡을 수 없이 기울어 가고 말소리조차 들리지 않았다. 식구들끼리 모여서 밤에는 등불을 밝혀 기둥에 걸어 두고 서숙 북섬을 바심하던, 고달파도 행복했던 모습들은 어느덧 사라져 가고 식구들은 하나둘 흩어졌다. 지나고 보니 참으로 순식간의 일이었다. 먹서리는 나에게 이렇게 즐거웠던 일과 서글픈 기억을 불러일으키는 그릇이다.

섬과 씨 오쟁이

얼마 전까지만 해도 농촌에서는 곡식의 양이나 무게를 세는 말로서 홉, 되, 말, 가마, 섬 따위를 썼다. 홉은 한 줌이요, 열 홉은 한 되, 열 되는 한 말, 열 말은 한 가마이고, 한 섬은 두 가마이다. 쌀이나 보리 한 가마는 보통 팔십 킬로가 나가므로 한 섬은 백육십 킬로 정도이다. 그 무게라면 어른이 짊어져도 두 짐이다.

섬은 섬틀이라는 나무로 만든 틀에 짚으로 거적처럼 엮어서 반으로 접어 네모난 상자처럼 꿰맨 그릇인데, 곡식을 나르거나 갈무리해 두는 데 많이 썼다.

섬은 둥구미나 멱서리와는 달리 표면이 거칠고 성글기 때문에 쌀이나 보리, 조, 기장 같은 알곡을 담으면 샐 염려가 있어 두툼하게 엮는다. 짚이 많이 들고 무거울 게 뻔하다. 그래서 가마니가 나오자마자 섬은 사라질 수밖에 없었고, 지금은 다만 무게를 세는 용어로만 남았다. 천석꾼, 만석꾼 부자라는 말이 그런 것이며, 두 섬지기니 석 섬지기니 하고 논의 크기를 말하는 것도 그것이다. 가마니는 일제강점기에 우리나라에 들어오게 된 물건이므로, 그 전까지는 모두 섬이 쓰였다. 조선시대에는 한 섬이 열닷 말이었지만, 계량법도 일본식으로 바뀌면서 섬의 용량도 바뀌었던 것이다.

씨 오쟁이는 섬과 똑같은 방법으로 엮어서 만들었지만, 크기는 섬의 이십분의 일에도 못 미치게 작다. 이것은 씨앗을 갈무리해 두기 위해 만든 것이기 때문이다. 어떤 곡식이든 내년에 다시 뿌릴 씨앗 종자는 크게 잘 여문

끈을 달아 기둥에 걸어 둔 씨 오쟁이이다. '한 톨 종자 싹이 나서
만 곱쟁이 열매 맺는' 씨앗 종자를 담아 두는 그릇이다. 이런
모양으로 아주 크고 두껍게 짠 게 섬이다. 전라북도 임실군 덕치면
천담리, 1994

것을 따로 골라 놨다가 쓰는데, 이 종자를 어떻게 잘 갈무리해 두느냐가 중요하다. 잘 갈무리해 둔답시고 꼭 막힌 병에 담거나 비닐에 싸 두면 안 된다. 숨쉬기가 답답하다. 종자는 내년에 다시 뿌릴 때가 되면 저 혼자서도 싹을 틔울 수가 있는 살아 있는 생명체이므로, 항상 바람이 잘 통하는 시원한 그늘에 놔두어야 한다.

씨 오쟁이는 씨앗 종자가 가장 편안하게 쉬고 잠자면서 다시 꽃피고 열매 맺을 꿈을 꿀 수 있는 최고의 호텔이다. 그런데 이 호텔에는 예약도 하지 않은 쥐란 놈이 함부로 들락거려서 그게 한 가지 걱정이다. 쥐란 놈들은 항상 배가 고파서 어디에 먹을 것이 있는지 밤이면 잠도 자지 않고 냄새 잘 맡는 코를 벌름거리면서 이리저리 쏘다니는데, 불도 켜지 않은 헛간 한 구

섬에 곡식을 담아서 새끼로 동였다. 바닥에 닿은 면이 아가리다.

석의 오쟁이 호텔에 좋아하는 먹이들이 가득 들어차서 잠을 자고 있다고 상상해 보자. 얼싸 좋다, 이게 웬 떡이냐 하며 날이 샐 때까지 들락거려서, 씨앗 종자를 못 쓰게 하든지 자기들의 굴로 옮겨 놓든지 할 것이다.

그래서 이 호텔의 지배인인 농부는 끈을 달기로 했다. 씨 오쟁이 양쪽에 새끼로 끈을 달아서 벽에 못을 박고 걸어 두기로 한 것이다. 그런 다음부터 이 씨 오쟁이 호텔엔 쥐가 여간해서는 드나들 수 없었고, 농부도 안심하고 잠을 잘 수가 있었다.

섬과 씨 오쟁이는, 둘 다 똑같은 재료를 가지고 같은 모양으로 엮었으되, 하나는 크고 하나는 지극히 작아서, 씨앗을 담는 것과 그 씨앗이 '한 톨 종자 싹이 나서 만 곱쟁이 열매 맺는', 그 만 곱을 담는 그릇이 되었다.

섬보다는 작고 씨 오쟁이보다는 훨씬 크게 만들어서 쓰면 오쟁이라 불렀고, 씨 오쟁이는 주둥이를 옆 터짐으로 만들기도 하여 여기에는 수수나 옥수수를 대궁째 갈무리해 두기도 했다.

코뚜레와 워낭

소의 코뚜레는, 사실 소에게는 일생을 끌려다니게 하는 무서운 물건이다. 어른 손가락 굵기의 지름 이십 센티 정도인 둥그런 코뚜레를 철없이 뛰다가 멋모르고 한번 꿰이면 천하없어도 벗어날 길이 없으니, 소가 제아무리 덩치가 크고 힘이 세다 한들 무슨 소용이 있으리오.

소에게 코뚜레를 꿰는 때는 목살이 때다. 목살이는 어미젖을 떼기 위하여 송아지를 목을 매어서 키우는 때로, 보통 생후 백 일 후부터 육 개월까지이다. 그 전까지는 어미젖을 먹이지만 젖을 늦게 떼면 어미 소의 임신이 늦어지므로 백 일 후쯤 젖을 떼는 것이고, 송아지도 빨리 좋은 생풀로 이유식을 해야 건강하게 자라기 때문이다.

목살이도 너무 일찍 코를 꿰면 소가 적응을 잘 못 해 힘들어 한다. 언제가 적당하냐면, 젖살이 빠진 후 이유식 맛을 알아서 한참 먹기 시작하여 다시 통통해질 때이다. 이때는 좋은 먹이가 눈에 보이면 곡식이든 풀이든, 텃밭이든 어디든 가리지 않고 마구 밀고 들어가서 망치기 일쑤고, 힘도 부쩍 세져서 어른 힘으로도 끌어내기가 어렵다. "목살이 하나에 삼부자가 끌려간다"고 하는 우스갯소리도 나온다. 그만 코를 꿰야 할 때이다.

코뚜레는 다른 나무는 다 아니 되고 오직 노간주나무여야 한다. 이 나무는 바위 틈새나 그 위에 얇게 덮인 흙 위에서 칠팔 미터 높이까지도 잘 자라는, 사철 푸른 바늘 끝 이파리를 가진 나무인데, 휘는 성질이 좋고 질기고 썩지 않아서 소의 코뚜레로 더할 나위 없이 좋다. 만드는 방법은 어른

소의 코뚜레도 언제부턴가 굵은 철사에 비닐을 입힌 것을 철물점에서
사다 쓴다. 워낭도 달지 않은 소의 코뚜레치레가 너무 형편없어서인지
더 순해 보이는 눈망울에선 금세 눈물이라도 떨어질 것 같다.
전라북도 부안군 변산면 운산리, 2015.

손가락 굵기의 곧은 줄기를 육칠십 센티 정도 잘라다가 아궁이 불에 타지 않게 고루 구워서 지름이 약 이십 센티 정도 되게 둥글게 휘어서 끈으로 묶어 그늘에 말린다. 다 마르면 겉껍질은 스스로 벗겨지며 매끈한 속살이 드러난다. 혹 표면에 돌기가 있으면 없애고 잘 다듬어야 한다.

소의 코를 뚫으려면 우선 코뚜레보다 약간 굵은 나무 송곳을 준비해야 한다. 이것은 마른 싸리나무나 대추나무로 만드는 게 좋다. 쇠 송곳은 굵은 게 없을뿐더러 있다 하더라도 쇠로 뚫으면 탈 나기가 쉽다. 나무 송곳일지라도 쓸 때는 불에 살짝 넣어서 소독을 해야 한다. 이렇게 준비가 다 됐으면 이제 목살이란 놈을 붙들어다가 울안에 있는 커다란 생나무에 꼼짝 못하게 목을 친친 얽어맨다. 만일 놈을 기둥뿌리 같은 데다가 묶었다가는 일

나무를 U자 모양으로 휘어 소의 목 위에 걸치는 굴레의 양 끝에
놋쇠로 만든 워낭이 붙어 있다.

난다. 왜냐면 놈의 양 콧구멍을 엄지와 검지로 잡아 보면 코뼈의 끝과 콧방울 사이에 꼭 코뚜레가 들어갈 만한 얇은 막이 있는데, 이곳의 생살을 찢어 코를 뀔 때는 이놈에게는 난생 처음 천둥 벼락 치는 듯한 고통이므로 놀라 뛰면서 죽기 살기로 모든 힘을 쓰기 때문이다. 이럴 때 생나무도 웬만한 것은 뿌리가 뽑힐 듯한데, 집 기둥쯤이야 그냥 물러나는 것이어서 목살이 하나 어설피 코 꿰려다 삼부자뿐만이 아니라 초가삼간까지 끌려가는 수가 있는 것이다.

이렇게 코를 꿰면 코의 상처가 빨리 나으라고 뜨거운 오줌을 자주 싸 주고 코뚜레는 끈으로 쇠뿔에 묶어서 걸어 준다. 아직은 코의 상처 때문에 고삐를 코뚜레에 바로 연결할 수도 없을뿐더러 이렇게만 해 놔도 소는 대번에 순해지기 때문이다. 코에 난 상처는 이 주쯤 지나면 거의 낫게 되는데, 코뚜레 구멍이 커지라고 가끔 한 번씩 코뚜레를 양쪽으로 흔들어 준다. 이러면 소는 질겁하지만 빨리 나으라고 싸 주는 오줌은 좋다고 받아먹는다. 이럴 때마다 아물었던 상처가 다시 터지고 낫는 과정을 반복하면서 구멍도 커지고 살은 더 단단히 아무는 것이다.

워낭은 소의 목에 다는 주먹만 한 놋쇠 방울종이다. 워낭을 달려면 우선 소의 목에 굴레라는 것을 짜야 한다. 굴레는 소의 목등에 걸치게끔 다래넝쿨을 잘라 U자 모양으로 휘어 만든 건데, 이때는 뿔에 걸었던 코뚜레 끈을 풀어 버리고 코뚜레의 한쪽 옆에 두 가닥의 끈을 묶어 늘여서 굴레 한쪽 끝의 구멍을 통과한 다음, 한 가닥의 줄만 목 안쪽을 돌아 반대편 굴레 구멍을 통과해서 코뚜레의 다른 한쪽에 매듭을 지어 묶은 후 나머지 한 가닥 줄 쪽으로 되돌아 나와서 마무리하는 것이다.

이렇게 굴레를 짜면 이제 코뚜레에 고삐 줄을 연결해서 뿔 뒤로 넘긴 다음 목 뒤의 굴레 밑으로 길게 늘인다. 이렇게 해야만 힘센 소를 마음대로 부릴 수 있는 방편이 마련된다. 워낭은 굴레의 양턱 밑에 두 개를 단다. 워낭의 기능은 두 가지다. 하나는 방 안에 앉아서도 워낭 소리로 소가 되새김질을 하는지 하지 않는지 알 수 있다는 점, 둘째는 소도둑을 방지할 수 있다는 점이다. 겉치레적인 면도 하나 있긴 하겠다.

개상

가을 하면 먼저 떠오르는 것은 무엇인가. 초가지붕 위의 둥그런 박, 마당에 널린 빨간 고추, 높고 푸른 하늘을 맴도는 고추잠자리, 바람에 하늘거리는 코스모스, 누렇게 익어 가는 벼이삭, 쩍 벌어진 밤송이, 알알이 영글어서 수그러질 대로 수그러진 수수모감지(수수모가지)…. 모두 하나같이 마음이 평화롭고 넉넉해지는 것들이다. 그리고 이것들은 모두 농촌의 모습들이다. 하지만 이 중에는 이미 우리들의 눈앞에서 사라져 볼 수 없는 것들도 있고 점차 사라지는 것들도 있다.

개상 이야기를 하기 전에 이것들이 먼저 떠오르는 것은, 불과 얼마 전까지만 해도 가을이 되면 개상에 수수모감지를 털던 모습이 생각나서다. 예전엔 수수를 참 많이 심었다. 집집마다 거의 빼놓지 않고 심었던 곡식이다. 다른 곡식과는 달리 심는 방법도 특이하다. 밭 하나에 수수만 가득 심는 전파 방법이 아니고, 골박이라 하여 다른 작물이 심어진 밭에 일정한 간격을 두고 띄엄띄엄 한 골씩 심거나, 다른 곡식 종자를 뿌릴 때 아주 적은 양의 수수씨앗을 섞어 뿌려 다문다문하게 가꾸는 식이다.

이것은 수수의 키가 월등하게 커서 골박이로 심으면 다른 작물의 자람을 방해하지 않기 때문이다. 좁은 땅덩어리에서 여러 가지 것들을 가꾸어내야 했던 조상들의 지혜로운 농사 방법이 수수에 오롯이 드러나 있다.

붉은색을 띠는 수수는 쓰임새도 여러 군데다. 정월 대보름의 오곡밥을 짓는 데는 빠지지 않고 들어가며, 술을 담글 데도 그렇다. 떡을 만드는 데도 마찬가지고 수수부꾸미 또한 유명하다. 이는 모두 수수가 벽사辟邪의 색깔을 띠는 데서 비롯된 것이며, 찰기가 강한 곡식이기 때문이다.

여름에 심은 수수가 가을이 되어 영글면 낫으로 모가지를 길게 베어서 어른 팔뚝 굵기의 다발로 대궁을 묶는다. 그런 다음 마당에 튼튼한 줄을 매고 거꾸로 걸어서 말리거나 울타리나 바람과 햇볕이 잘 드는 너럭바위에 널어 말린다. 다 마른 수수를 개상에 떠는 방법이 재미있다.

개상은 한 발 길이쯤 되는 아름드리 통나무를 반으로 쪼개서, 둥근 부분이 위쪽으로 가게 하여 탁자처럼 네 개의 발을 단 연장이다. 이 개상을 방 안에 들여놓고 수수를 떨 때는 방문을 꼭 닫아서 낟알이 밖으로 달아나지 않도록 해야 한다. 물론 방 안의 자질구레한 것들도 미리 치워 놓고 시렁 위의 이불이나 횃대의 옷가지들도 커다란 보자기로 덮어 놔야 한다. 그런

개상은 한 발 길이쯤 되는 아름드리 통나무를 반으로 쪼개서 둥근 부분이
위쪽으로 가게 하여 탁자처럼 네 개의 발을 단 연장이다.

다음 수수모가지를 몇 개씩 손에 껴잡고 냅다 개상에 후두들긴다. 그러면 떨어진 수수 낱알이 사방으로 달아나서, 특히 방 창호지 문에 부딪는 소리가 신이 난다. 무더운 여름날 양철 지붕 위에 떨어지는 소나기 소리만큼이나 시원하다. 잘 여물고 잘 마른 수수 알일수록 요란스레 잘 떨어진다.

그러나 지금은 이런 모습을 찾아볼 수가 없다. 수수를 아예 심지도 않을 뿐더러 심어도 이런 방법으로 떨지 않는다. 수수농사를 많이 짓던 옛날엔 개상의 길이도 긴 것은 삼 미터쯤 되게 만들어서 넓은 마당이나 헛간에 놓고 여러 명이 동시에 함께 썼다. 이런 큰 개상은 곧은 통나무 두서너 개를 맞붙여서 서서 일하기 알맞은 높이로 만들었다. 좀 더 정확히 말하면, 개상은 수수만 떠는 게 아니고 벼나 보리를 주로 떨었던 아주 오랜 옛날의 농사 연장이다. 조선 후기의 유명한 풍속화가 김홍도金弘道가 그린 〈타작도〉에도 개상에 곡식알을 떨어내는 장면이 있다.

적은 양의 곡식을 떨 때는 개상의 쓰임새와 같았던 탯돌이라는 것을 쓰거나 탯돌 대신 다듬잇돌이나 나무 절구통을 엎어 놓고도 썼다.

곡식 단을 개상 위에 내리칠 때는 떨어진 낱알들이 멀리 달아나지 말라고 개상 주위에 멍석 따위를 둘러치고 바닥은 잔돌이 없게 깨끗이 쓸거나 멍석을 깔았는데, 자리갯줄이란 것으로 떨려는 수수모감지를 알맞은 크기로 더 단단히 돌려 조여 묶어서 개상에 내리칠 때 이삭 줄기가 빠지거나 흐트러지지 않게도 하였다. 이 자리갯줄은 끝에 나무 송곳과 전대 같은 허리띠를 달아서는 다 떨어낸 수수모가지로 수수 빗자루를 맬 때도 쓰였다.

채독

독이란 것은 운두가 보통 일 미터 이상 되게 높고 배가 부른 큰 그릇으로, 곡식이나 김치, 젓갈 같은 물기 있는 음식을 갈무리해 두는 데 쓴다. 찰흙으로 빚어 커다란 흙 가마에 넣고 불을 때어 초벌구이를 한 다음, 잿물을 입히면 오지독이요, 입히지 않으면 질독이다.

독이라 하면 대개 흙으로 빚은 것을 떠올리나, 이것은 깨지기 쉽고 무거워 운반하기가 어려우므로 산간 지방에서는 대오리나 싸리를 결어 독을 만들어 썼다. 이것이 채독이다. '채'라는 것은 가지런한 줄기를 말하는데, 채독은 보통 주둥이의 지름이 오십 센티에 이르고, 높이는 일 미터, 바닥 지름은 주둥이보다 약간 커서 오륙십 센티 정도이다. 오지독이나 질독이 주둥이보다 밑바닥이 좁은 것과는 반대이다. 이것은 아무래도 대오리나 싸리채로 결어 그릇에 신축성이 있기 때문에, 물건을 담았을 때 쓰러지지 않게 하기 위함이다.

채독은 주로 감자를 갈무리해 두는 데 많이 쓴다. 몸뚱아리의 틈이 성글어서 다른 곡식을 담으면 샌다. 감자는 채독에 담아도 새지 않고, 혹 감자가 독 안에서 썩어 물이 흐르더라도 짚 새끼로 엮은 그릇이 아니기에 그릇 자체가 썩을 일이 없다. 밭에서 감자를 캐 담으면 감자에 흙이 묻은 채로 담겨도 채독은 아무렇지도 않다. 성근 틈 사이로 바람이 통하여 흙이 쉬 마르고, 나중에 그 흙이 바닥에 떨어져도 거꾸로 뒤집어 떨어내기가 좋다. 그러므로 채독은 감자 전용 독이라 해도 되겠다.

채독을 단단히 걸어 놓으면 삼십 년도 넘게 쓴다. 쓸수록 색깔은 거무튀튀해지나, 쓰러지고 던진다 해도 결코 깨짐이 없다. 그래서 한곳에 가만히 서 있어야 하는 오지독이나 질독은 채독을 부러워한다. 그러나 채독은 김치나 간장, 된장을 한 번도 담아 보지 못해서 되레 오지독과 질독을 부러워한다. 채독은 제 몸에 기름 먹인 종이를 바르고 물기 있는 음식을 한번 담아 보기도 했지만 실패했다. 대신 기름 먹인 종이를 발랐대서 유지油紙독이란 새 이름을 하나 얻었고, 여기에는 흙 묻은 감자 대신 마른 곡식이나 마른 반찬거리들을 넣어 두었다. 채독의 소원은 나무독이 풀어 줬다. 물론 나무독도 오지독이나 질독을 쓰기 어려운 산골에서 대신 쓰려고 만든 것이다.

나무독은 한 아름이나 되는 통나무 속을 파내서 원통으로 만들고, 두껍고 넓은 나무쪽을 밑판 삼아 그 위에 올려놨는데, 밑판은 줄을 걸 수 있는 돌기를 양쪽에 만들고 원통의 아가리엔 걸쇠 같은 나무 갈고리를 걸어 밑판과 서로 줄로 엮어서 배배 틀어 조여지게 했다. 그렇게 만들었더니 물을 부어도 새지 않아서 마침내 김치를 담을 수 있게 된 것이다.

나무독의 원통은 나무의 살이 무른 피나무로, 밑판은 단단한 소나무로 해야 한다. 피나무는 무르기 때문에 속을 파내기가 쉽고, 갈라지지 않고 냄새나 독성이 없다. 따라서 떡을 치는 안반으로도 피나무만 한 게 없다. 밑판으로 쓰는 소나무는 향이 좋고, 정유精油, 즉 송진을 가지고 있기 때문에 김치나 젓갈 따위의 물기가 밑판에 오래 남아 있어도 썩거나 냄새가 배지 않는다.

밑판과 원통 사이에는 아무래도 국물이 샐 염려가 있기 때문에 으름나무의 잎사귀를 따서 말린 다음 빻아서 가루를 만들고, 이걸 떡가루처럼 반죽하여 원통과 밑판 사이에 시루밴처럼 바른다. 이러면 천하없어도 국물이 새지 않는다.

짚으로도 독을 만든다. 둥구미처럼 엮되 크게 엮어서 뚜껑을 해 덮으면 짚독이다.

채독에 기름종이를 발라 만든 유지독이다. 여기엔 곡식이나
마른 음식을 담아 갈무리한다. 경상북도 안동시 도산면
토계리 이황李滉 종택, 1996.

도리깨

도리깨는 보리나 밀, 콩이나 조 따위의 곡식을 두드려서 떨어내는 연장이다. 이것은 도리깨열이라고 하는 어른 손가락 굵기의 길이 일 미터에서 일 미터 반쯤 되는 회초리 두서너 개를, 아래쪽은 폭 십오에서 이십 센티쯤 되게 부챗살처럼 펼쳐 묶고 위쪽은 하나가 되게 묶어, 장부라고 하는 손잡이에 고리를 끼워 서로 연결한 것이다.

도리깨는 도리깨열(도리깨아들)이 공중에서 한 바퀴 휙 돌면서 센 힘을 얻게끔 만들어진 연장이다. 장부는 가벼운 대나무로 하는 게 가장 좋고, 대가 많은 곳에서는 아들도 대나무를 쪼개서 하지만, 보통 이태쯤 된 물푸레나 윤노리나무 회초리를 그대로 쓴다. 너무 가늘면 힘을 얻을 수 없고, 굵다고 깎아내면 속살이 연해서 부러지기 쉽다.

도리깨열은 꼭지에 끼울 윗대궁을 배배 틀어서 미리 고리를 만든 다음 여러 개를 한데 모아 칡덩굴이나 새끼로 뱅뱅 감아 묶는다. 이러면 마르는 동안에 서로 지탱하는 힘으로 굽은 것들이 반듯이 펴진다. 도리깨열도 겨울에 베어서 미리 여러 개 만들어 둬야 부러지면 다시 맬 수 있다. 한번 맨 도리깨는 비 맞히지 말고, 혹 늦게까지 도리깨질을 하더라도 밤이슬은 맞히지 말아야 한다. 물기를 타면 도리깨 열이 본래대로 구부러지기 때문이다.

도리깨질은 빠르고 격렬하여 몹시 힘이 드는 일이라, 많은 양의 곡식을 떨 땐 장정들이 서로 품앗이를 한다. 품앗이 땐 바람이 잘 불어오는 마을의

도리깨질은 빠르고 격렬하여 몹시 힘이 들므로 보통 남자가 하는 일인데,
여기에서는 할머니가 하고 있다. 경상북도 안동시 도산면, 1978.

넓은 공동 타작마당에서 여러 사람이 마주 서거나 빙 둘러서서 도리깨질을 한다. 목도리깨꾼이라고 하여 도리깨질을 잘하는 사람이 앞소리를 메기며 도리깨질을 하면, 종도리깨꾼이라고 하는 나머지 사람들이 뒷소리를 받아서 서로 합창을 하며 내리친다. 노동요勞動謠는 고달픔을 잊고 일을 수월하게 하려는 방법이다.

  이십 보고 호헤요 때려주노 호헤요
  주근주근 호헤요 오뉴월에 호헤요
  삼복 더위 호헤요 더븐 날에 호헤요
  땀은 흘러 호헤요 비오듯 한다 호헤요

  ―「옹헤야 호헤야」

  '이십'은 '이 집'으로, 지읒 발음을 일부러 시옷으로 강하게 해서 음담패설 비슷하게 소리를 메긴 것이다. 경북지방의 보리타작 때 부르는 소리이다.
  노동요와 함께 한차례 도리깨질이 훑고 지나가면, 땅바닥에 깔린 곡식 대궁들은 가장자리 것이 가운데로 가고 가운데 것은 가장자리 쪽으로 가게 고루 뒤집어 놓고 또 한 차례 도리깨질을 한다. 하지만 도리깨질을 잘하는 사람은 밀어 치거나 당겨 치고 혹은 끊어 치거나 옆 치거나 하는 여러 가지 방법으로 도리깨질을 하므로 곡식에 손을 대지 않고도 이것들을 모으거나 뒤집을 수 있었다.
  도리깨도 지금은 철물점에서 판다. 장부는 쇠 파이프로, 아들은 철사로 만들어서 마치 장난감처럼 생긴 것을 파는데, 도리깨질을 한 번이라도 해 보거나 만들어 본 사람은 그런 것을 사다 쓰지 않을 것 같다. 아마도 이러저러한 단체의 추수 한마당 행사에서 옛 모양새 갖추는 시늉이나 하려고 사 가는가 싶다.

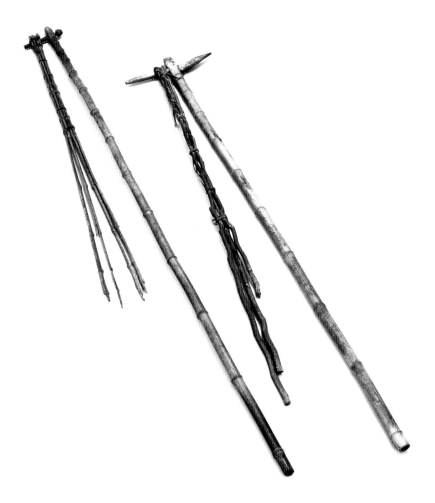

대나무로 자루를 만들고 가는 회초리로 열을 만든 도리깨이다.

길마

길마란 길들인 소의 등에 얹어 짐을 실을 수 있는 안장이다. 모양새는 깎은 나무판 두 개를 이어 붙여 말굽 모양이 되게 한 것인데, 이것을 똑같게 두 개 만들어서 사십에서 오십 센티 간격으로 앞판과 뒤판으로 벌려 세우고, 그 사이에 세장이라고 하는 가로 막대를 박아 움직이지 않게 단단히 만든 것이다.

굽은 모양으로 만들었지만 길마는 나무판자이므로, 소등에는 먼저 짚으로 짠 언치라는 것을 댄다. 그런 다음 길마를 얹어야 소가 아프지 않고 살가죽이 벗겨지는 것을 막을 수 있다.

이 길마에 짐을 바로 싣지는 않는다. 보다시피 짐을 실을 데가 없기 때문인데, 그래서 다시 길마 위에 얹게 만든 다른 도구인 걸채나 옹구 들을 만들고, 거기에 물건을 싣거나 담아서 나르는 것이다.

말에게도 짐을 나르기 위해서 길마를 얹는다. 덩치는 작지만 힘도 세고 끈기가 있는 우리나라의 조랑말에는 소 길마와 모양은 비슷하나 언치를 대지 않고 단순하게 만든 것을 얹는다. 이 길마에도 소와 똑같은 방식으로 짐을 싣거나 그냥 길마 위에 짐을 매달기도 한다.

길마에는 달구지처럼 한꺼번에 많은 양의 짐을 실을 수는 없지만, 여러 가지로 편리한 점이 있다. 달구지가 다닐 수 없는 곳의 짐을 쉽게 나를 수 있기 때문이다. 달구지에 짐을 실어 나르려면 먼저 달구지가 다닐 수 있는 넓은 길이 이곳저곳으로 서로 연결되어 있어야 하는데, 옛날의 농촌은 그게 돼 있지 않았다. 그렇기 때문에 소나 조랑말, 나귀나 노새 등에 얹어 두엄을 내고 곡식을 실어 나르고, 도붓짐은 물론 사람도 등에 태운다.

장이 서는 곳마다 찾아다니며 물건을 사고팔아야 했던 장돌뱅이들에게는 이런 운반 수단이 없어서는 안 될 것이었겠다. 불과 얼마 전까지만 하더라도 짐승과 사람이 함께 일하는 것은 우리에게 익숙한 모습이었다.

짚으로 짠 언치라는 것을 반드시 먼저 소나 말 등에 얹고 길마를 얹어야
등가죽이 벗겨지는 것을 막을 수 있다. 길마에 가벼운 짐을 직접 매달거나,
무거운 것은 걸채, 옹구라는 기구를 올려놓고 싣는다.

걸채와 옹구

길들인 소의 등에 짐을 싣기 위해서 얹는 안장인 길마엔 짐을 바로 실을 수가 없어서 만든 게 걸채이다. 걸채는 길마 위에 얹어서 볏단이나 나뭇단 따위의 무겁고 커다란 짐을 나르는 데 쓸 수 있도록 만든 연장이다.

　걸채를 만들려면 우선 서까래처럼 굵고 곧은 나무 네 개를 약 백오십 센티 정도 되는 길이로 잘라야 한다. 그런 다음 사각형의 틀을 만드는데, 통나무 네 개를 마주 댄 완전한 모양의 정사각형이 아니라, 우선 두 개의 통나무를 벌려 놓고 그것을 세로로 삼등분해서 가운데가 삼분의 일 칸이 되게, 나머지 통나무 두 개를 가로로 세장처럼 댄다. 그래서 우선 길마에 올려놓아 보면, 가운데에 얹히게 되고 양쪽은 짐을 실을 수 있는 공간이 되는 것이다. 이 공간의 통나무에 드문드문하게 여러 가닥의 밧줄을 묶어 아래로 늘어뜨리고 그 밧줄의 바닥 끝에는 짚으로 짠 멍석 같은 것을 잡아매면 걸채가 완성된다.

　걸채는 이렇듯 양쪽의 밑바닥만 멍석 같은 단단하고 촘촘한 것으로 했을 뿐, 나머지는 밧줄로 드문드문하게 얽어 놓다시피 했으므로, 볏단이나 나뭇단같이 밖으로 빠져나와도 괜찮은 거친 짐이나 부피가 큰 물건을 나르는 데 쓰기가 좋다. 예를 들어서 산비탈을 따라서 올망졸망한 다랑이 논들이 계단처럼 만들어진 곳에는 달구지가 다닐 수가 없으니까 거름이나 곡식 단들을 사람이 지게에 져 나를 수밖에 없다. 그러나 걸채에 실어서 소로 나른다면 사람이 너댓 번 나를 것을 한 번에 나를 수 있다. 산에서 나무를

걸채(위)와 옹구(아래)로, 모두 길마 위에 올려놓고 쓴다.

해 싣고 온다고 해도 마찬가지다. 걸채에 실을 수 있는 짐의 무게는 이백 내지 이백오십 킬로 정도이기 때문이다.

옹구는 고구마나 감자, 두엄, 무, 당근같이 무겁고 흩어지기 쉬운 물건들을 담아 나르는 연장이다. 걸채와 똑같은 틀에, 걸채와는 달리 양쪽을 새끼로 망을 짜서 자루처럼 만들고, 자루의 밑바닥은 꿰매지 않았다. 대신 자루의 한쪽 면을 좀 길게 짜서 끝에 나무 막대기를 끼우고 양쪽에 새끼를 묶어서 자루를 밑에서 열고 닫게 했다. 그러니까 짐을 실을 때는 새끼를 들어 올려서 자루의 긴 쪽으로 터진 밑 부분을 감싸듯 닫고, 짐을 내릴 때는 새끼를 풀어 내려 밑으로 한꺼번에 쏟아지게 했다. 이렇게 하면 금방 무거운 짐을 내릴 수 있으니까 사람도 편하고 소도 편하다. 실을 때는 어쩔 수 없이 한 삼태기씩 위에서 쏟아부어야 하지만, 내릴 때 불편할 것을 간단하게 해결한 것이 재밌다. 옹구에 실을 수 있는 짐의 무게도 걸채와 같다.

쟁기

쟁기는 크고 작은 논과 돌 없는 편편한 밭을 갈아엎는 농기구이다.

쟁기는 크게 나누어서 소가 잡아끄는 성에와 그곳에 연결돼서 땅을 갈아엎는 술, 그리고 성에와 술을 지탱해 주는 한마루라는 것으로 이루어졌다. 술 옆에는 손잡이가 달려 있고 술 앞에는 보습이 박혀 있는데, 다시 보습 위에는 갈아엎어진 흙을 한쪽으로 뒤집어지게 하는 볏이라는 게 붙어 있다. 그리고 술의 밑에는 밑창이라는 게 붙어 있어 술을 닳지 않게 한다. 보습, 볏, 밑창은 쇠로 되어 있어 나무로 된 술을 보호하며 단단한 땅을 갈아엎는 것이다.

쟁기는 농가에서 아주 중요한 농기구다. 다른 연장에 비해 크고 기술적인 구조로 되어 있어 아무나 쉽게 만들지 못한다. 그러므로 쟁기만을 전문으로 만드는 목수가 있어 쟁기를 만드는데, 값은 언제나 대략 쌀 두 가마 값에 버금간다. 따라서 쟁기는 쓸 때 항상 조심하고, 다 쓰고 나서 보관해 둘 때도 헛간 벽이나 처마 밑에 매달아서 거치적거리지 않게 했다.

밭을 갈 때는 아무리 편편하고 흙살 좋은 밭이라도 어딘가에 박힌 돌이 숨어 있기 마련이다. 용케 그것을 피해 가면 좋지만, 그렇지 못하면 십중팔구는 돌에 걸려 보습을 부러뜨리게 된다. 그럴 경우, 보습은 갈아 끼울 수 있지만, 술이나 성에가 부러지게 되면 바쁜 철에는 정말 큰일이 난다.

여기서 길이 잘 든 소와 그렇지 않은 소가 차이가 난다. 길이 잘 든 소는 힘껏 쟁기를 끌다가도 쟁기 끝에 돌이 걸리는 듯하면 그 자리에서 딱 멈춰

설 줄 알지만, 아직 경험이 없는 풋내기이거나 길이 잘못 든 소는 쟁기 끝에 뭐가 걸리든 말든 조심하지 않는다. 또한 길이 잘 든 소나 그렇지 않은 소나 땅을 깊이 갈면 돌 걸릴 확률이 높아지므로, 쟁기질꾼인 소 아비는 여간해서는 깊이 갈려고 하지 않는다. 강원도 지방의 밭 가는 소리에는 이런 사정이 잘 나와 있다.

이놈의 소야 뒷발 차지 말아라
뒷발 차면 보섭 깨진다.

앞에 나가는 데 큰 돌 있으니
비켜서면서 잘 잡아댕기어라

어린 송아지 잘 가르치면서
너무 혼자만 가지 말고 올려 다려주게

논농사건 밭농사건 가장 먼저 시작하는 일은 이른 봄의 쟁기질이다. 정월이 가고 음력 이월이 다가오면 웬만한 추위는 모두 물러가서 얼었던 땅이 녹아 푸석해진다. 바야흐로 밭 갈고 씨앗 뿌릴 때가 다가온 것이다. 그러나 일 년 농사의 시작을 아무렇게나 할 수는 없다. 무엇인가 중요한 격식이 필요하다. 그것을 갖춰야 금년 한 해도 풍년이 들고 무사할 것 같은 생각에 사람들은 이월 초하룻날을 첫 일 시작하는 날로 잡고, 떡, 술, 과일, 안주 따위로 상을 차려 고사를 지낸다. 그런 다음 외양간의 소를 끌어내어 쟁기를 채우고 흙살 좋은 텃밭을 한 시간가량 갈아 준다. 이것을 일러 "이월 초하드렛날 소 방아리 붙인다"고 하는데, 일종의 몸풀기인 셈이다. 이런 것

농가의 헛간 벽에 걸린 연장들 중 한가운데 것이 밭을 가는 쟁기인
극쟁이다. 쟁기의 기다란 성에 끝에 소의 주둥이에 씌우는 부리망이
걸려 있다. 강원도 평창군, 1998.

을 보면 일 년의 농사 중에서도 쟁기질을 얼마나 중요하게 생각했는지 짐작할 수 있다. 중요한 만큼 또 기술이 있어야 하고 힘이 많이 든다. 논밭을 갈 때는 심으려는 곡식과 땅의 젖은 상태, 논밭의 생긴 모양 따위를 보고 거기에 가장 알맞은 방법으로 갈 줄 알아야 사람의 일이 줄어들고 곡식이 잘 자란다. 일이 바쁠 때는 하루 종일 소를 몰며 쟁기질을 해야 하니, 체격도 좋아야 하고 기운도 세야 한다.

예전에는 이런 쟁기질꾼을 상일꾼이라고 했다. 상일꾼은 지금도 일 잘하는 사람의 대명사로 쓰인다.

성에, 술, 땅을 파는 보습, 그리고 판 흙을 한쪽으로 뒤집히게 하는 볏이
달린 쟁기로, 주로 논을 갈 때 쓴다.

맞두레와 무자위

맞두레는 밑바닥은 좁고 위는 넓게 벌어져서 물을 푸기 좋게 만든 네모난 두레이다. 이 두레박의 네 귀에 각각 줄을 매고 그 줄을 양손에 하나씩 나누어 쥔 두 사람이 마주 보고 서서 물을 퍼 올린대서 맞두레란 이름이 붙었다. 맞두레는 무넘이가 일 미터 이상 되는 깊은 곳의 물도 풀 수 있는데, 두레질하는 두 사람이 박자와 동작을 맞추어 똑같은 힘으로 해야 물을 풀 수 있고, 푼 물을 멀리 던질 수 있다. 그러므로 물을 풀 때는 한 사람이 먼저 '하나아, 두울' 하고 앞소리를 하면 마주선 사람이 '허어이' 하고 소리를 받으며 똑같이 앞줄을 늦추어 물을 푸고, 당겨 들어 올리며 던지는 것이다.

맞두레로 한 번 푸는 물의 양은 대략 반 말(십 리터) 정도인데, 이것을 수십 번, 아니 수백 번 두레질을 한다고 할 때는 우선 두레의 무게가 가벼워야 한다. 그래서 맞두레는 대부분 가벼운 오동나무 판자로 만들고, 단단한 맛으로 얇은 소나무 판자도 쓴다. 하지만 제아무리 가볍다 해도 하루 종일 물을 퍼서 몸이 지치면 그도 천근만근 무겁게 느껴진다. 소 같은 사람도 맞두레질을 한 날은 저녁 밥숟갈 놓자마자 통나무 쓰러지듯 쓰러져서 잘 수밖에 없다.

가뭄이 들고 물이 모자라면 쌀 한 톨 지어내기가 이렇듯 어려우니, 사람들은 자기 논에 물들어 가는 소리와 자기 자식 목구멍에 젖 넘어가는 소리가 가장 듣기 좋다 했다. 그러니 수챗구멍에 밥알 하나인들 버릴 수 있겠으며, 밥그릇 씻은 구정물인들 버려서 될까. 소 먹이고 돼지 먹여서 짐승은

오동나무 판자로 만든 맞두레이다. 소 같은 사람도 맞두레질을 한 날은
저녁 밥숟갈 놓자마자 통나무 쓰러지듯 쓰러져 잘 수밖에 없다. 그만큼
힘이 들기 때문이다. 전라북도 부안군 변산면 모항, 2015.

짐승대로 새끼 치고 거름 밟게 해야 한다. 문학 속에 드러난 짧은 글 한 대목을 옮겨 본다.

… 보이는 물건이 모두 똑똑치 아니하였다. 멀지 아니한 곳에 흘러가는 물소리가 나는 것을 듣고 그 편으로 기어갔다. 얼마 아니 가서 물큰 하고 손에 집히는 것이 있었다. "밥이다!" 그가 먹으려고 자세자세 들여다보니 똥이다. 보리밥이 채 다 삭지 아니한 똥이다. 그는 낙심하고 시냇가로 기어와서 물을 움켜 마시었다. (…) 물을 마신 까닭에 목은 타지 아니하나 오장이 당기기는 일반이라 그는 아까 밥으로 속던 것을 다시 한 번 가 보려고 간신히 일어서서 비척비척 걸어갔다. 가서 보니 똥은 똥이나 보리쌀알이 많이 그대로 있다. 그는 이것저것을 생각할 것도 없이 손으로 움키어 가지고 도로 시냇가로 나와서 보리쌀알을 물에 일어 골라서 입에 넣어 목으로 넘기었다. 그 뒤에야 눈에 보이는 물건이 똑똑하여질 뿐 아니라 마음에는 길이라도 걸을 것 같았다.

홍명희洪命憙란 분이 쓴 「임꺽정」에서다. 홍문관 교리 이장곤이 바른말을 하다가 연산군에게 노여움을 사 거제도로 귀양을 갔는데 도망하여 어찌어찌 함경도 함흥까지 가던 중, 뒤를 쫓는 포교에게 잡힐 뻔하여 산속에 숨어 이틀가량을 굶은 그 다음의 모습을 그린 대목이다. 사람이 죽을 지경이면 똥에 섞인 보리쌀 한 알도 사람을 살리거늘, 온전한 한 숟갈 한 숟갈로 만든 한 그릇 밥+匕一飯의 의미야 더 말할 필요도 없겠다.

무자위는 물레방아처럼 생긴 나무 바퀴연장으로, 무넘이가 낮고 물이 많은 곳의 물을 퍼 올리는 데 쓴다. 바퀴 지름은 일 미터 팔십 센티쯤 되는데, 바퀴 중앙에서 바깥쪽으로 폭 삼사십 센티쯤 되는 판자 쪽을 자전거 살대처럼 방사형으로 붙이고 물이 흘러가는 홈통을 달아 아랫부분이 물에 잠기게 세운다. 기다란 통나무 말뚝에 의지해 사람이 올라서서 바퀴를 밟아 돌리면 퍼 올려진 물이 홈통을 타고 논으로 흘러간다. 무자위로 퍼 올릴 수 있는 무넘이 높이는 무자위의 반을 넘지 못하므로, 바퀴 지름 일 미터 팔십 센티의 것이라면 구십 센티 높이까지이다. 주로 논이 많은 평야지대의 넓은 봇도랑에서 사용했으며, 지금도 염전에서는 더러 쓰인다.

물 푸는 도구로 두레, 용두레, 맞두레가 원시적이라고 한다면, 무자위는 기계의 원리 같은 것을 이용한, 보다 발전된 도구라 할 수 있겠다.

통가리

통가리란 대나 싸리, 수수깡 따위로 촘촘하게 엮어서 방 윗목이나 헛간에 둥글게 둘러막고 그 안에 고구마나 감자를 갈무리해 두는 것이다. 갈무리해 둬야 할 고구마나 감자가 많다면 통가리를 크게 만들고, 적다면 적게 만드는데, 보통 지름 일에서 삼 미터, 높이 일이 미터 정도이다. 모양은 거의 다 둥글게 만들어서, 바깥 둘레를 굵고 질긴 밧줄로 두 군데쯤 둘러 묶어 통가리가 터지지 않게 하지만, 방 안에 만들 경우 방의 모양에 따라서 아예 방 한 면을 길게 막아서 네모지게 만들기도 하고, 밧줄 대신 통나무나 널판자를 양쪽에 대서 묶기도 한다.

높이가 이 미터쯤 되는 통가리는 안에 든 것을 꺼내기 좋도록 한쪽에 발이 트이게 엮어서 문을 내고, 문짝은 판자를 여러 개 대서 위에서부터 하나씩 빼내는 식으로 만들거나, 다시 조그만 발을 엮어서 안으로 막아 대기도 한다.

이처럼 방 안에 만드는 것은 주로 고구마를 많이 저장하고 곡식을 저장하기도 하는데, 둘 다 쓰고 나면 발을 뜯어서 놔뒀다가 가을에 다시 만드는, 이를테면 일시적인 설치물이지 그릇이나 연장은 아니다.

예전에는 고구마나 감자는 쌀, 보리, 조, 기장, 수수, 옥수수 들과 함께 중요한 끼니거리여서 집집마다 많이들 심었고, 다른 곡식에 비해 수확량이 많아서 갈무리만 잘해 두면, 특히 고구마는 겨울과 이듬해 봄까지 가난한 사람들의 굶주림을 면하게 해 주었다. 그래서 적당하게 따뜻하며 쥐의 피해를 막기 좋은 방 안에 통가리를 많이 만들지만, 고구마나 감자는 물기가 많은 것이라 사실 갈무리해 두기가 까다롭다.

감자는 햇빛을 받으면 솔라닌이라는 독성이 생겨 사람이 먹으면 목이 아리므로, 햇빛을 받지 않고 마르지 않으면서 싹이 나지 않게 해야 한다. 그러나 반대로 고구마는 캐면 섭씨 이십오 도 정도 되는 아주 따뜻한 햇볕에 이삼 일 정도 말려서 겉의 물기와 몸에 난 호미 자국 같은 상처를 아물게 해야 하고, 통가리에 저장할 때는 항상 십사 도 정도의 온도가 유지되게 해야 한다. 만일 십일 도 아래로 온도가 떨어지면 썩기가 쉽다.

따라서 구들방의 윗목이 이 온도에 가장 가까운 곳이므로, 이곳에 통가리를 만드는 것이다. 그래도 바람이 직접 닿는 문 쪽이나 맨 뒤쪽은 거적이나 헌 이불 같은 것을 둘러 주기도 한다. 이렇게 해서 고구마가 겨우내 썩지 않고 잘 갈무리되어 봄까지 먹을 수 있다면 더없이 좋다. 다만 방 윗목에 거의 천장까지 닿게 고구마를 저장하려면 통가리는 아주 튼튼하게 엮어야 한다. 만일 통가리가 부실해서 한쪽이 터진다거나 쓰러진다고 생각해 보자. 그것도 식구들이 곤히 잠든 밤에 그런 일이 생긴다면 어른인들 무사할 리가 없다. 그래서 자다가도 통가리에서 무슨 소리가 나면 벌떡 일어나 통가리 먼저 살펴보았다.

수수깡으로 만든 통가리는 대나무로 엮은 것보다 약하다. 그래서 적은 양을 갈무리할 때나 쓰고, 그것도 한 해밖에는 쓰지 못한다. 그러므로 아예 처음부터 대나무나 산의 쪽 곧은 나무를 해다 단단하게 엮어서 여러 해 잊어버리고 쓰고, 저장할 양이 많아서 따로 또 하나 조그맣게 더 만들어야 할 경우나 아예 양이 적은 경우에 수수깡으로 손쉽게 일회용으로 만드는 것이다.

통가리 위에 다른 것은 올려놔서는 안 된다. 하지만 가벼운 것 한두 가지

짚으로 짜서 마당에 설치한 통가리인데, 뒤주에 더 가까워 보이지만
밑바닥을 두껍게 해서 감자, 고구마를 따뜻하게 저장할 수 있다. 이제는
감자, 고구마가 주식의 위치에서 물러난 까닭인지 통가리를 보기가
힘들어졌다. 전라북도 장수군, 1994.

는 올려놔도 되는데, 그것이 무언고 하니 새끼 꼬다 남은 짚 다발이고, 또 하나는 잎담배 정도이다. 이것은 고구마가 마르면서 내뿜는 습기를 이용하는 것인데, 둘 다 습기가 축축해야 새끼는 잘 꼬아지고 잎담배는 썰 때 부서지지 않는다. 윗목의 고구마 통가리, 생각만 해도 마음이 흐뭇하고 정겹다.

맷돌, 맷방석, 매함지

맷돌은 지름이 약 이십 센티의 작은 것에서부터 백 센티가 넘는 것까지 크기가 아주 다양한 두 짝의 둥근 돌인데, 그 사이에 곡식을 넣고 위짝을 돌려서 돌의 무게와 마찰로 비비고 으깨 껍질을 까거나 가루를 만드는 연장이다.

맷돌은 아래위 짝을 같은 크기로 만들고, 아래짝의 한가운데에는 새끼손가락 같은 수쇠를, 위짝에는 수쇠가 들어갈 수 있는 반지 같은 둥근 암쇠를 박아 서로 끼워서 돌릴 때 벗어나지 않게 한다. 위짝에는 맷손(어처구니)을 박는 홈과 곡식을 넣는 구멍을 낸다. 아래짝과 위짝이 서로 닿는 면은 오톨도톨하게 정으로 쪼아 이빨처럼 서로 잘 갈리게 하고, 갈린 곡식은 옆으로 잘 빠지도록 아래짝은 약간 볼록하게, 위짝은 그에 맞게 오목하게 한다. 곡식 넣는 구멍에서 가장자리까지는 나선형으로 듬성하게 골을 내 맷돌을 돌리면 곡식이 잘 먹히도록 했다.

곡식을 맷돌에 넣고 돌려서 껍질을 벗기거나 반 조각 정도로 내는 것은 '간다'고 하지 않고 '탄다'고 하는데, 메밀의 껍질을 벗기고 완두콩을 반 조각 내는 것들을 말한다. 메밀은 찬 성질을 가진 곡식이라 그 껍질도 차며, 모양은 삼각뿔 모양이다. 시원하고 눌리지 않아야 할 베갯속을 넣는 재료로는 메밀 껍질만 한 게 없다. 완두콩은 맷돌에 타서 반으로 갈라 두지 않으면 제아무리 잘 말랐다 해도 여름을 나는 동안 벌레가 나서 모두 구멍을 뚫어 놓으므로 쓸 수가 없다. 타는 곡식들은 곡식을 자주자주 많이씩 넣고

"우리 맷돌은 재주가 좋아 입으로 먹고 옆으로 나온다네." 맷방석은
짚으로 짠 것이 아니고, 특이하게 대오리를 결어 만들었다. 충청북도
청주시 상당구 문의면 문산리, 1979.

들들들 타야 하고, 밀가루처럼 가루를 내는 곡식은 조금씩 가끔 넣고 득득 득 갈아야 한다.

맷방석은 맷돌을 올려놓는 짚으로 짠 작은 도래방석으로, 갓 테두리를 십 센티쯤 되게 휘어 올려서 운두를 만든 것이다. 맷돌에 곡식을 넣고 돌리면 곡식이 가루가 되어 옆으로 쏟아지므로, 미리 맷돌 밑에 무엇이든 깔지 않으면 그것들을 깨끗하게 쓸어 담을 수가 없다. 그래서 짚으로 맷돌의 지름보다 한 배 반 또는 두 배 되게 도래방석을 짜서 맷방석으로 만들고, 갈린 곡식이 다른 곳으로 흐트러지는 것을 막기 위하여 굽이지게 운두를 만든 것이다. 운두란 그릇이나 신발 같은 것의 둘레나 높이이다.

이 맷방석을 짤 때 적당한 간격을 두고 몇 줄씩 아름답게 무늬를 넣어 엮으려면, 바닷가에서 나는 자오락이나 왕골 풀을 쓰기도 하고, 헝겊 쪽을 길게 잘라 넣기도 했다. 짚보다 더 가는 자오락으로만 엮으면 짚보다 짧아, 엮을 때 불편하나 질기기는 더 질겼다. 맷방석은 운두 때문에 도래방석처럼 다 쓰고 나면 말아서 보관할 수 없는 까닭에, 운두에 끈을 달아서 벽에 걸어 놨다. 이는 쥐를 막기 위해서도 좋은 방법이다.

두부를 만들기 위해서는 콩을 하룻밤 정도 물에 담가서 불렸다가 다시 물과 함께 맷돌에 갈아서 죽처럼 만들어야 한다. 이것은 맷방석 위에서는 할 수 없는 것이므로, 커다란 함지박 위에 맷다리를 걸치고 맷돌을 올려놓은 다음 갈아야 한다. 부메랑 같기도 한 이 삼각뿔의 맷다리를 걸친 함지박을 매함지라 하는데, 매함지는 갈린 것이 한쪽으로 흘러내리도록 한곳을 터놓는 방식으로 만든다.

이와 비슷한 풀매는 맷돌의 아래짝과 함지를 한 몸으로 만든 것이다. 풀매는 부뚜막 같은 데 놓아두고 녹두전을 만들 때나 콩국수를 할 때처럼 아무 때나 조금 조금씩 쓰는 맷돌로, 크면 불편하므로 대부분 작다. 그러나

절처럼 많은 사람이 밥을 먹거나 재齋를 올리는 데서 쓰는 맷돌은 아주 커서, 어떤 것은 지름이 일 미터 십오 센티나 되는 것도 있다.

　돌맷돌도 오래 쓰면 오톨도톨한 면이 닳아서 곡식이 잘 갈리지 않으므로, 다시 정으로 쪼아 주어야 한다. 정질을 할 때는 반드시 눈에 보안경을 쓰도록 하고, 움푹 들어간 곳을 쪼아야 한다. 볼록한 부분을 쪼면 맷돌만 버린다.

　시절일레(어떤 절기가 닥치다) 시절일레 정한뚝딱 시절일레
　준주준주(울퉁불퉁) 얽은 독에 어기여라동 매질이야
　우리 맷독은 재주가 좋아 입으로 먹고 옆으로 나와
　어기여라동 매질이야 돌아간다동 매질이야

　전남 지방에서 불려지는 맷돌질 노래이다. 맷돌질은 지루하고 힘든 일이지만 맷돌에 갈아서 만든 아직 누르지 않은 순두부 한 그릇은 부드럽고 뜨끈뜨끈하고 짭조로운 맛이 얼마나 기막히던가. 하지만 늦은 봄, 채 익지도 않은 보리를 베어다가 풋바심하여 맷돌에 갈아 만든 가래밥과 풀떼죽은 왜 그리 껄끄럽고 맛이 없던지.

키

밤에 이부자리나 옷에 오줌을 싸 버릇하는 어린애들을 오줌싸개라고 한다. 옷에 싸면 빨기야 쉽지만 이부자리에 싸면 빨기가 여간 어려운 일이 아니어서 어머니는 늘 혀를 차고 야단과 걱정을 한다. 한두 번이 아니고 여러 번, 빨래하기 어려운 겨울, 옛날에는 세탁기도 없었다.

식구들도 모두 걱정하면서 어떻게 하면 버릇을 고쳐 줄까 고민한다. 그래서 생각한 게 집안 식구들끼리만 쉬쉬하지 말고 이웃에게도 좀 알려서 오줌싸개에게 창피를 줘 보면 어떨까 하는 것이었다.

어느 날 아침, 오줌싸개가 간밤에 또 이부자리에 오줌을 쌌다. 어머니는 오줌싸개에게 벽에 걸린 키를 내려서 머리에 씌웠다. 그리고 손에 그릇 하나를 쥐어 주며 "옆집 아주머니께 소금을 좀 얻어 오라"고 했다. 아이는 까닭을 몰랐다. 키를 쓰고 소금을 얻어 오라니, '소금을 얻으러 갈 땐 키를 쓰고 가야 하는가 보다'고만 생각했다. 그래서 옆집 대문간에서 조그만 소리로 아주머니를 부른다. "오, 소금 얻으러 왔구나, 예서 잠깐 기다려라. 소금 퍼 오마." 아주머니는 오줌싸개의 손을 끌고 가 부엌 앞에다 세워 두고 소금을 한 종발 퍼 온다. 물도 한 바가지. 그리고는 부지깽이를 쥐고 나와 키를 쓴 오줌싸개에게 소금을 뿌리고 물을 퍼붓고 부지깽이로는 사정없이 키를 뚜드린다.

"괭이가 밤에 오줌 싸지, 사람이 싸냐?"

"개가 밤에 오줌 싸지, 사람이 싸냐?"

아낙네가 쓰는 연장 중엔 키질이 가장 어렵다. 바람을 일으키는 세기와
키를 숙이는 정도, 밖으로 밀어내듯 부쳤다가 끌어당겨 받는 미세한
손기술에 의해서 알곡과 쭉정이가 가려지고 검불은 날아간다.
전라북도 남원시 주천면 회덕마을, 1983.

"닭이 밤에 오줌 싸지, 사람이 싸냐?"라고 말하면서.

오줌싸개는 죽는다고 울며 손에 든 그릇도 내버리고 키만 쓴 채 겨우 집으로 달려온다. 물론 이 광경을 울타리 너머로 지켜보던 어머니는 시침을 뚝 떼고 "거 봐라, 네가 밤에 오줌을 싸 버릇하니까 아주머니가 어떻게 알고 소금도 주지 않는구나! 다음부터는 절대 오줌 싸지 마라, 잉?" 다짐을 받는다.

키는 이처럼 오줌싸개가 머리에 쓰고 소금을 얻어 오는 것이긴 한데, 그 모양에서 보듯이 머리에 쓰면 웬만한 비는 쉽게 피할 수도 있어, 흔히 소나기 올 때면 얼른 내려 쓰고 장독 그릇을 덮으러 뛰어나가기도 한다. 하지만 키의 본래 쓰임새는 곡식에 섞인 쭉정이나 먼지, 검불 따위를 바람으로 날려 보내는 연장이다. 키에 곡식을 담고 공중에 던졌다가 받으면 키의 움직임에 의해 키 바깥쪽으로 부는 바람이 생기고 그 바람의 세기에 따라 검불과 먼지가 날아간다. 그런 다음 쭉정이가 가려지면 잘 여문 낟알은 점차 키 안쪽으로 모이고 그렇지 않은 것은 바깥쪽으로 몰려서 버려지든지 따로 모아진다. 이것은 순전히 키질하는 사람의 손기술에 의한 것으로 바람을 일으키는 세기와 키를 숙이는 정도, 그리고 밖으로 밀어내듯 부쳤다가 끌어당기는 미세한 조정 때문이다. 그러므로 키질을 잘하기란 참 어렵다.

키는 대오리나 고리버들을 결어 만든다. U자 모양의 바닥의 너비는 오십에서 칠십 센티, 길이는 칠십 센티에서 일 미터에 이르나, 안쪽은 깊고 좁고 앞 터진 바깥쪽은 얇고 넓다. 버들로 만든 키의 둘레는 얇고 좁은 버드나무 판자를 안팎으로 덧대고 소나무 뿌리로 감아 묶지만, 대오리로 겯는 키는 겉대 줄기를 넓게 쪼개서 둘레를 엮는다. 버들 키는 밑동과 대궁이 엇갈리게 해서 가로로 노끈으로 엮지만, 대 키는 쪼갠 대를 얇게 하여 가로와 세로를 서로 엮는다. 키를 가지고 힘센 남자들 여러 명이 빙빙 돌아가면서 부채처럼 흔들어 바람을 일으켜 검불을 날리기도 하는데, 이 모습이 멀리서 보면 나비가 날갯짓을 하는 것 같다 해서 나비질이라고도 한다. 키는 동양권에서도 우리나라에만 있는 연장이다. 쓰다가 낡으면 천을 덧대 기워 쓰기도 한다.

고리버들로 걸어 만든 버들 키로, 둘레는 얇고 좁은 버드나무 판자를
안팎으로 덧대고 소나무 뿌리로 감아 묶는다.

물방아와 물레방아

며칠 전 내린 비로 집 옆의 냇물이 불어나 오랜만에 흐르는 물소리가 시원하게 들린다. 밤이면 풀벌레도 냇가에 나와 노래하는데 조용할 때에는 뚜렷하던 소리가 문을 열고 밖에 나서면 오히려 잦아드는 듯하다. 바람이 서늘하다. 풀잎에 맺힌 이슬은 별빛에 구르고 걸음을 옮기면 발끝에 부서진다. 이렇게 달마저 밝은 밤은 어디선가 쿵쿵 물방아 소리가 들려오는 것 같다. 괜스레 마음이 두근거리기도 한다. 소설 속 주인공처럼.

"장 선 꼭 이런 날 밤이었네. 객줏집 토방이란 무더워서 잠이 들어야지. 밤중은 돼서 혼자 일어나 개울가에 목욕하러 나갔지. 봉평은 지금이나 그제나 마찬가지지. 보이는 곳마다 메밀밭이어서 개울가가 어디 없이 하얀 꽃이야. 돌밭에 벗어도 좋을 것을, 달이 너무도 밝은 까닭에 옷을 벗으러 물방앗간으로 들어가지 않았나. 이상한 일도 많지. 거기서 난데없는 성 서방네 처녀와 마주쳤단 말이네. 봉평서야 제일가는 일색이었지. (…) 날 기다린 것은 아니었으나 (…) 처녀는 울고 있단 말야. 짐작은 대고 있으나 성 서방네는 한창 어려워서 (…) 그러나 처녀란 울 때 같이 정을 끄는 때가 있을까. 처음에는 놀라기도 한 눈치였으나 (…) 생각하면 무섭고도 기막힌 밤이었어."

이효석이란 분은 소설 「메밀꽃 필 무렵」에서 장돌뱅이 허 생원이 젊었을 적 성 서방네 처녀와 하룻밤 물방앗간에서 맺은 인연을 이렇게 그리고 있

방앗간 바깥쪽에 상쾌식 물레바퀴가 설치되어 있다.
전라북도 남원시 산내면, 1983.

돌아가는 물레바퀴의 굴대에 의해 들어 올려졌다가 확 속으로 방아채와
공이가 떨어진다. 고임 대로 공이를 받쳐 놓고 담배를 문 아낙네의 모습에
여유로움이 묻어난다. 강원도 삼척시 도계읍 신리, 1977.

는데, 허 생원이 밤길을 걸으면서 조 선달과 나누는 다음의 이야기는 더없이 쓸쓸하기만 하다.

"수 좋았지. 그렇게 신통한 일이란 쉽지 않아. 항용 못난 것 얻어 새끼 낳고, 걱정 늘고 생각만 해도 진저리나치. 그러나 늘그막바지까지 장돌뱅이로 지내기도 힘드는 노릇 아닌가? 난 가을까지만 하구 이 생계와두 하직하려네. 대화쯤에 조그만 점방이나 하나 벌이구 식구들을 부르겠어. 사시장천 뚜벅뚜벅 걷기란 여간 이래야지. (…) 옛 처녀나 만나면 같이나 살까. 난 거꾸러질 때까지 이 길 걷고 저 달 볼 테야."

풀벌레 소리가 높아 산골의 밤은 오히려 적막하고 달이 뜨면 짐승도 외로워 울곤 하는데 하물며 사람이야 오죽할까. 그렇다고 물방앗간이나 시냇가가 모든 사람들에게 간직할 만한 어떤 사연을 만들어 주는 것은 아니다. 어릴 때 읽었던 글이 빼어나게 아름답고 감동적이었던 까닭에 지금도 달이 밝은 밤, 흐르는 냇물 소리를 들으면 자연스럽게 물방앗간이 떠오를 뿐이다.

물방아나 물레방아는 위에서 아래로 떨어지는 물의 힘, 곧 낙차를 이용하여 방아를 찧는 기구다. 여름 장마철에 많은 비가 한꺼번에 쏟아지면 고샅길 언덕에는 개울처럼 도랑물이 넘쳐흐른다. 이때 어린이들이 흔히 하는 놀이가 그 고샅길에 웅덩이를 막고 호박잎을 끊어다 대롱을 만들어서 웅덩이의 물이 대롱을 타고 흐르게 하는 것이다. 그러고는 수수깡으로 물레방아를 만들어서 대롱 밑에 세워 두고 돌게 하면서 시간 가는 줄 몰라 했다.

수수깡 물레방아는 굵은 수수깡을 한 뼘 정도 잘라서(이것을 굴대라 한다) 그 가운데에 껍질 벗긴 수수깡을 네 쪽으로 끼워서 날개를 만든 다음

(물레바퀴) 새총 막대기처럼 가지가 갈라진 막대기 두 개를 땅에 세우고 그 위에 수수깡 굴대의 양끝을 걸쳐 놓은 것이다. 그러면 대롱을 타고 밑으로 떨어지던 물줄기가 날개에 맞아서 그 힘으로 수수깡 물레방아가 신나게 돌아간다. 결국 물레방아도 이와 똑같이 커다란 물레바퀴의 굴대에 방아채라고 하는 기다란 통나무를 걸어서 바퀴가 돌 때마다 방아채 끝에 달린 공이를 들어 올렸다 떨어뜨렸다 하면서 확 속에 담긴 곡식을 찧는 것이다.

물레방아는 보통 바퀴 하나에 방아채 하나를 건다. 하지만 물이 많이 흐르는 곳에서는 바퀴 양쪽에 두 개를 걸어서 한쪽 공이가 올라가면 한쪽은 떨어지게, 굴대에 발이라고 하는 누름대를 엇갈리게 박았다. 이것은 쌍방아 혹은 양방아라고 한다. 물레방아는 바퀴 위에서 물이 떨어지게 해서 돌게도 하지만, 물이 세게 흐르는 도랑에 바퀴의 아랫부분을 잠기게 해서 돌게 하기도 한다. 앞에 것은 상쾌식, 뒤에 것은 하쾌식이다.

물방아는 바퀴 대신 방아채의 공이 반대편을 물통처럼 파내어 그곳에 물이 떨어지게 한 다음, 가득 차면 물의 무게로 통이 내려가면서 공이가 들리고 기울어진 통의 물이 쏟아지면 공이가 아래로 떨어져서 확 속의 곡식이 찧어진다. 여기서 중요한 게 물통의 물이 가득 찼을 때 앞쪽의 공이가 들릴 수 있게끔 정확한 지점에 받침대를 만들어야 한다는 점이다. 물레방아와 또 하나 다른 점이 있다면, 흐르는 물이 세지 않으면 물레방아는 쓸 수 없지만 물방아는 물통에 물이 차기만 하면 물의 세기와 상관없이 쓸 수 있다는 점이다. 그러나 찧는 시간이 엄청 느려지므로 이것 또한 매번 쓸 수 없는 일이겠다. 그러므로 이것들은 물이 많은 장마철이나 눈이 와서 눈 녹은 물이 항상 흐르는 겨울부터 이듬해 봄까지 주로 사용한다.

삼태기

삼태기는 두엄이나 아궁이 재 같은 거름을 담아서 나르거나 옆에 끼고 다니며 논밭에 뿌릴 때 많이 쓰고, 커다란 그릇에 곡식을 퍼 담을 때, 고구마나 감자 따위를 나를 때 혹은 흙이나 모래자갈 따위를 퍼 나를 때도 쓴다. 모양새도 여러 가지고 엮는 방법과 엮는 재료도 여러 가지인데, 어떤 것은 씨앗을 뿌릴 때만 쓰는 것도 있다.

짚으로 삼태기를 엮으려면 우선 칼자루만 한 굵기의 다래넝쿨이나 물푸레나무를 베어다가 불에 구워서 U자 모양으로 휘게 한 다음 말려서 테를 만들어야 한다. 이 테에 날줄을 늘어서 멍석 짜듯이 엮는데, 바닥은 평평하게 하고 테가 터진 앞쪽은 낮게, 휘어진 안쪽은 깊게 하여 고무래나 괭이 같은 걸로 물건을 긁어 담거나 쏟아붓기 쉽게 만든다.

똑같은 짚삼태기라도 테의 터진 부분도 안쪽처럼 운두를 높게 하는데, 이것을 작게 만들어서 어깨에 멜 수 있게 끈을 달면 씨를 담아서 뿌리는 데 쓰는 씨삼태기다. 크게 만들어 쓰면 짚소쿠리라 한다. 싸리나 조릿대로 만드는 삼태기는 모양이 사뭇 다르다. 이것은 테가 없이 가늘고 곧은 줄기로 발을 엮듯이 약 사오십 센티 길이로 엮어서, 밑동 부분은 앞이 터지게 놔두고 회초리처럼 가늘고 길게 쭉 빠진 대궁 부분은 서로 얽어매고 휘어 붙여서 양옆에까지 이르도록 잡아 묶어 손으로 잡기 좋게 만드는 것이다.

이 삼태기는 발이 성글고 안쪽이나 앞 터진 쪽의 운두가 낮아 두엄을 나르고 뿌릴 때나 썼고, 돌이나 자갈처럼 무겁고 거친 것을 담아 나르려면 좀 굵은 윤노리나무를 베어서 같은 방법으로 엮어 썼다. 대를 짜개고 얇게 다듬어서 엮기도 하는데, 엮는 방법은 짚으로 엮을 때처럼 하나, 테는 따로 만들어 쓰지 않고 싸리삼태기와 같은 식으로 만들어 붙인다.

그러면 개똥삼태기는 무엇이며 어떻게 엮을까. 개똥삼태기는 따로 있는 게 아니라 짚삼태기를 쓰다가 낡으면 개똥을 주워 나르는 데 쓰는데, 이럴 땐 씨삼태기처럼 어깨에 멜 수 있게 끈을 단다. 옛날에는 개똥이 흔하지 않았다. 왜냐면, 곡식을 가꾸는 데는 오직 사람이나 짐승의 똥오줌과 산과 들의 나뭇잎과 풀로 퇴비를 만들어 쓸 수밖에 없었는데, 가령 개똥이나 쇠똥 한 무더기를 긁어다 보리밭에 뿌리면 보리밥 한 그릇만큼의 보리가 더 나온다고 할 때, 그것들이 한가하게 고샅을 굴러다니게 할 수가 없는 것이다. 마실 가서 놀다가도 똥오줌만큼은 자기 집에 와서 누던 때이니까.

김춘복이 쓴 「쌈짓골」이라는 소설에는 이렇게 그려졌다.

그는 싸리소쿠리와 호미를 들고 집을 나선다. 뒷집에 사는 상남노인이 고의춤을 잔뜩 움켜잡고 바쁘게 걸어 내려온다. 인사를 할 새도 없이, 노인은 팔기가 걸어 나온 마당 안으로 허둥대며 들어간다. (…) 팔기는 상남노인이 제집 변소 안으로 바쁘게 들어가는 것을 보곤 흡족한 미소를 띠며 돌아선다. 지금처럼 다급할 때는 보다 가까운 종식이네 집을 이용할 수도 있지 않은가. 그러나, 상남노인은 팔기네가 이사를 해 온 그날부터 꼭꼭 제집 변소에다 거름을 보태어 주는 것이다. (…) 팔기는 골목에 면해 있는 상남노인의 방문 앞에서 징검다리처럼 줄을 지어 올라간 쇠똥 무더기를 발견하곤 눈을 번쩍 뜬다. 그는 옹송그린 자라 등 같은 시커먼 쇠똥덩이에다 호미로 흙을 파 덮어씌운 다음 하나하나 조심스레 퍼 담는다. (…) 팔기가 어

싸리로 엮은 삼태기. 밑동 부분은 앞 터지게 놔두고 회초리처럼 생긴
대궁 부분을 서로 얽어매고 휘어 붙여서 양옆에 이르도록 잡아 묶어
손잡이로 쓴다. 전라북도 남원시 주천면 회덕마을, 1983.

렸을 때만 해도 집집마다 다투어 일어나 쇠똥이나 개똥을 서로 많이 주우려고 경쟁을 하다시피 했었다.

대를 넓고 얇게 쪼개서 가로세로 걸어 만든 대 삼태기다.

디딜방아

디딜방아도 물방아와 똑같은 원리로, 물이 누르는 힘 대신 사람이 발로 누르는 힘으로 공이가 들렸다가 발을 떼면 공이가 확 속으로 떨어져서 방아가 찧어지는 것이다. 그러므로 디딜방아는 물이 없어도 언제든 사람의 힘으로 찧을 수 있다. 냇가나 외진 개울가에 따로 세우지 않고 여러 사람이 함께 손쉽게 쓸 수 있게 동네의 타작마당이나 농사를 많이 짓는 집은 널따란 헛간 한 켠에 만들어 둔다.

디딜방아는 발로 밟는 방아채의 뒷부분까지 기다란 통나무 하나로 一자처럼 만들면 외다리방아라 하고, 가지가 갈라진 나무로 Y자처럼 만들면 양다리방아라 해서 두 사람이 밟아 찧을 수 있다. 디딜방아는 발로 밟는 다리 부분과 공이 사이에 놓는 받침대(볼씨, 쌀개)를 어느 쪽에 가까이 놓느냐에 따라서 밟기가 힘들어지거나 수월해지는데, 힘들게 밟아야 확 속에 떨어지는 공이의 힘이 그만큼 무겁고 강해지므로 곡식이 쉽게 찧어진다.

그러므로 같은 시간이라면 외다리방아보다 양다리방아가 곡식을 더 많이 찧을 수 있다. 하지만 힘이 드는 것을 조금이라도 덜어 보려고 다리 부분에 손잡이를 만들거나 천장에 끈을 매어서 잡도록 했고, 디딜방아의 공이 끝에는 촉이라고 하는 둥근 쇠뭉치나 돌 뭉치를 달아서 방아가 더 잘 찧어지도록 했다.

촉은 쓰임새에 따라서 서로 모양이 다른 것을 바꿔 달았다. 이를테면 나락의 겉껍질인 왕겨를 벗겨낼 때는 오톨도톨한 돌기가 있게 만든 촉을 쓰고, 밋밋하게 만든 것은 가루를 빻을 때 쓴다. 속겨를 벗겨내는 것은 쓿는 방아인데, 이때는 나무로 된 공이를 쓰는 것이다.

방아 이야기 하나.

옛날에 한 선비가 있었습니다. 선비는 집이 가난하여 옷 사 입을 돈이 없었지요. 그래서 언제나 해어진 옷을 기워 입을 수밖에 없었는데, 기운 곳이 백 군데도 더 되어서 사람들이 그를 백결 선생이라 불렀습니다. 백결 선생은 거문고를 잘 탔습니다. 글 읽다가 지루하면 거문고를 끌어안고 노래를 불렀고 친구가 찾아오면 거문고로 함께 즐거워했습니다. 그의 아내는 그런 남편을 원망하지 않고 가난한 살림을 혼자 도맡다시피 하며 꾸려 나가는데, 어느덧 설 명절이 돌아왔습니다. 흰 눈은 펑펑 쏟아져서 천지가 다 하얀데 끼니를 때울 것도 없는 집에 나무인들 있겠으며 떡쌀인들 있을까요? 백결의 아내는 어찌할 바를 몰라 흰 눈만 하염없이 바라보았습니다. 그러다가 집을 나섰지요. 하지만 동네 사람들에게 쌀을 꾸어 달란 말을 차마 꺼낼 수 없어서 공연히 남의 집 앞을 서성이다가 돌아설 수밖에 없었습니다. 그렇게 날이 어두워져서 빈손으로 집에 돌아오는데, 그이는 자기의 귀를 의심했어요. 쿵더쿵 쿵더쿵! 난데없이 집 안에서 떡방아 소리가 들렸기 때문입니다. 그 소리는 백결이 아내를 위로하려고 만든 방아타령이었는데, 진짜 방아 찧는 것과 똑같은 소리가 거문고에서 들리는 것이었습니다. 백결의 아내는 그 자리에 서서 한참을 듣다가 이내 춤을 추었습니다. 마음속에 일어나던 남편에 대한 원망도 세상에 대한 불만도 다 부질없음을 느꼈기 때문입니다.

이 이야기가 사실인지는 모르지만, 사람은 어떤 지극한 어려움이나 절실

디딜방아 중 두 명이 밟는 양다리방아다. 중심을 잡기 위해 지팡이를
짚기도 하고, 천장에 줄을 매달아 잡기도 한다. 방아채의 갈라진 목 부분에
놓인 받침대가 볼써다. 강원도 삼척군 원덕읍, 1983.

한 마음이 있어 몸부림치다가도 어느 한순간 빛과 같이 밝고 거울과 같이 맑은 깨달음이 생기면 방금 전의 자기를 허물처럼 벗어 버리고 아무것에도 속박당하지 않게 된다. 하지만 백결의 아내도 아마 남의 집 방아품은 많이 팔러 다녔을 것이다. 무거운 곡식을 들어 나르고 디딜방아를 발로 힘껏 밟아야 하기 때문에 방아품이 여자들에게는 얼마나 힘든 일인지 묻지 않아도 뻔해서, 백결의 방아타령이 흥겨울진 몰라도 아낙들이 부르는 방아 찧는 노래는 일의 고달픔이 묻어나지 않을 수가 없다.

어깨야 다리야 한심(큰 힘) 써라 오늘 밤도 야심허다
당거주소 당거주소 오야라 장창 당거주소
웃가래(위에서 찧는 사람)서 힘써주면 밑가래서 당거줌세
방아 씰으는(쓿는) 저 부인네 굉기(방아채를 고여 두는 나무토막) 괼지
모르는가
괴기사 괼레마는 한바탕만 당거주소
당거주소 당거주소 오야라 장창 당거주소
어느 누가 사정 볼까 굉깃대가 사정 보제

또 같은 방아질이라도 쓿는 것은 어렵기조차 하다. 겨를 벗기는 방아는 겨가 섞여 있는 상태이므로 확 바깥으로 낟알이 잘 흐트러지지 않고, 빻는 방아는 대부분 물에 불린 상태로 하기 때문에 잘 흐트러지지 않는다. 그러나 껍질을 벗긴 곡식은 매끄러워서 이걸 쓿을 때는 아주 숙련된 솜씨로 절구의 한가운데를 찧지 않으면 밖으로 다 흐트러져 버리고, 또 깨지는 게 많다.

그 중에서도 조와 기장의 알갱이는 작고 더 매끄럽기 때문에 특히 어렵

다고 했다. 빻는 방아 중에는 고추방아가 제일 고약스럽단다. 고춧가루가 날려서 눈과 코에 들어오기 때문인데, 그렇기 때문에 이 방아질은 습기 많은 비 오는 날이나 이슬이 내리는 초저녁 새벽녘에 주로 했다. 반대로 깨소금 방아는 꼬숩기도 했겠다.

그러나 그 어떤 방아질도, 특히 손으로 혼자 하는 방아질은, 힘도 힘이지만, 하고 나면 손이 부르트고 갈라진다. 손이 울리므로 추운 겨울에는 더 그래서 우리 속담에 "방아질은 며느리 시키고 거름 놓는 일은 딸 시킨다"고 했다. 거름 놓는 일은 겉으로야 못해 보여도 거름이 따뜻한 거라, 하고 나면 손이 부드러워져서 딸 시킨단다. 참, 별소리 다 있구나 싶다.

두 사람이 밟을 수 있게 만든 양다리방아다.

구유와 여물바가지

집에서 기르는 짐승 중에서 소는 사람과 아주 특별한 관계다. 소는 크지만 성질이 순해서 함께 살기 시작한 때부터 지금껏 새끼를 낳고 묵묵히 힘든 일을 해 왔으며, 거름을 만들어 땅을 기름지게 하고, 죽어서는 살과 뼈는 물론 가죽까지 사람을 위해 바쳤다. 그런데다가 닭이나 개, 돼지처럼 동물성 단백질을 먹는 잡식성 짐승도 아니어서, 사방에 널린 풀만으로도 얼마든지 기를 수 있다. 그러므로 예부터 살림살이를 잘하려는 부지런한 사람들은 소를 대단히 중요한 재산으로 여겨 기르기를 원하지만, 소는 몹시 비싼 짐승이므로 웬만한 집에서는 쉽게 기를 수가 없었다. 그래서 생각해낸 게 배내기란 방법이다.

배내기는, 어미 소가 새끼를 낳으면 젖떼기를 기다렸다가 새끼소를 가져다가 키워서 그 소가 다시 새끼를 낳으면 새끼만 키운 사람이 갖고 어미 소는 원래 주인에게 돌려주는 방법이다. 이렇게 하면 원래 소 주인은 송아지를 주고 나중에 어미 소를 받으니 괜찮고, 키운 사람은 돈을 들이지 않고도 송아지가 한 마리 생겼으니 좋다. 그러나 무려 삼 년이란 세월을 고생해야 하므로, 배내기라는 것은 사실은 지루하고 힘든 일이다. 또 이 기간 동안 소가 아무 탈 없이 잘 자라 주어야만 가능한 일이다. 만일 키우던 소가 탈이 난다면 그것은 전부 키운 사람의 책임이니까.

구유는 소나 말의 먹이통이다. 커다란 통나무의 속을 파내서 약 이십에서 오십 리터의 여물을 담을 수 있게 만들고, 소가 먹기 좋은 높이로 단을

구유는 소나 말의 먹이통이다. 커다란 통나무의 속을 파내서 약 이십에서
오십 리터의 여물을 담을 수 있게 만들고, 소가 먹기 좋은 높이로 단을
쌓아 그 위에 올려놓고 양쪽에 단단한 나무말뚝을 박아서 움직이지
않도록 잡아맨다. 전라북도 임실군 덕치면 천담리, 1985.

쌓아 그 위에 올려놓고 양쪽에 단단한 나무말뚝을 박아서 움직이지 않도록 잡아맨다. 이렇게 하지 않으면 길들이지 않은 소는 여물을 다 먹은 다음 심심풀이로 제 구유를 뿔로 들이받아서 이리저리 굴리거나 밟고 올라서기 때문이다.

구유는 조각 판자로 맨 통 그릇으로도 하는데, 이럴 경우엔 소가 여물 먹기를 기다려서 한쪽으로 치워 놓아야 하는 번거로움이 있다. 그러므로 돌이 흔한 곳에서는 돌구유를 만들어 쓰기도 하고, 소를 많이 키우는 이즈음에는 아예 시멘트로 여러 마리가 한꺼번에 먹을 수 있는 구유를 한 켠에 쭉 만들어 놓거나, 깨지지 않게 헌 타이어를 이용해서 만든 그릇으로 구유를 대신하기도 한다. 새끼가 있는 어미 소에게는 기다란 통나무 하나에 새끼의 구유까지 함께 만든 쌍 구유라는 걸 쓰기도 한다.

구유에 담아 주는 쇠죽 여물은 어떻게 끓일까.

먼저 설거지를 하고 난 구정물이나 곡식을 씻어 모은 뜨물을 커다란 무쇠 가마솥 굽이에 닿도록 부은 다음, 가을에 말려서 썰어 놓은 칡순, 고구마순, 콩대, 수숫대, 지푸라기 따위의 여물을 솥에 가득 집어넣는다. 그런 다음 불을 때서 솥에 김이 오르면, 거기에 보릿겨나 쌀겨, 혹은 곡식의 찌꺼기를 한두 바가지 끼얹고 고루 뒤섞어서 뚜껑을 덮고, 다시 푸욱 김이 오르게 불을 땐다. 그렇게 해서 아궁이의 불이 어느 정도 사윌 때까지 오래 놔두면 뻣뻣한 여물은 부드러워져서 먹기 좋고 맛있는 쇠죽이 되는 것이다.

여물바가지란 끓인 쇠죽을 솥에서 구유에 퍼 담는 바가지다. 박 바가지는 깨질 염려가 있으므로 통나무를 잘라서 속을 파내고 손잡이까지 한 몸이 되게 만든다. 그래야 뜨거운 여물을 쇠죽 쇠스랑으로 끌어 담아서 구유에 옮겨 부을 수 있다. 쇠죽을 먹고 난 구유의 설거지야 제 밥그릇이니 깨끗이 하든 더럽게 하든 소가 알아서 할 일이지만, 쓰고 난 여물바가지는 사람이 솥뚜껑 위에 엎어 두고 말려야 오래 쓴다.

통나무의 속을 파내서 만든 구유(위)와 손잡이까지 한 몸으로 만든 여물바가지(아래)이다.

자새

자새는 가는 줄을 꼬는 데 쓰는 연장이다.

가는 줄을 노끈이라고 하는데, 노끈을 꼬는 데 쓰는 재료로는 무명실이나 삼, 종이를 비빈 것들이다. 이 노끈은 돗자리를 짤 때나 가는 발을 엮을 때 쓰이므로, 살림살이를 하려면 새끼와 마찬가지로 틈날 때마다 많이 꼬아서 뭉치나 타래로 만들어 놔야 한다. 새끼는 짚을 두 손에 나눠 쥐고 손바닥을 비벼서 꼬는 것이라 짚올(노) 두 가닥이 합쳐진 것이다. 노끈은 보통 세 가닥의 올을 같은 방향으로 서로 비벼서 꼬는 것이라 노끈을 꼴 때는 자새가 필요하다.

자새의 모양은 연줄을 감는 얼레처럼 생겼으나, 가로로 된 세장이 十자 모양으로 밖으로 더 나오게 해서 노끈을 감아도 안으로만 타래가 지게 만들었으며, 그 얼레의 축(굴대)은 단단한 통나무 판자에 오륙십 센티 길이의 나무기둥을 세우고 거기에 고정시킨 것이다.

이 자새로 한 발짜리 노끈을 꼬기로 한다면, 먼저 네 발 정도 되는 올 한 가닥을 자새의 바깥쪽 부분에 매서 자새를 빙글빙글 돌려 올이 더 단단하게 해야 한다. 물론 반대쪽 끝은 사람이 잡고 있든지 기둥에 매 놔야 한다. 그런 다음 삼분의 이 정도는 자새에 감고 나머지 삼분의 일의 올에 자새에 감긴 올 삼분의 일을 풀면서 새끼처럼 두 올을 합친 끈을 만들고, 다시 거기에 나머지 삼분의 일의 올을 더해서 세 가닥의 노끈을 마무리하는 것이다.

이런 얼레 모양의 자새 말고, 어린애들의 팔뚝 굵기의 사오십 센티쯤 되는 나무에 어른 손가락보다도 좀 더 굵은 막대기를 기역 모양이 되게 대통을 끼워 박아 손잡이를 만든 돌물레라는 자새도 있다. 노끈을 꼬는 방법은 둘 다 마찬가지이나 돌물레에는 좀 더 굵은 줄을 많이 꼰다. 돌물레나 자새에 꼰, 세 가닥으로 된 굵은 바를 참바라고 하고, 돌물레를 어떤 지역에서는 자새, 동글개라고도 한다.

새끼보다 더 굵게 꼬는 참바는 삼으로 꼬면 더없이 질기고 오래가서 소코뚜레에 매는 고삐줄로 쓰기 딱 좋다. 가마니나 섬에 담긴 곡식의 무게를

자새는 연줄을 감는 얼레처럼 생겼으나, 가로로 된 세장이 十자 모양으로
밖으로 더 나오게 해서 노끈을 감아도 안으로만 타래가 지게 만들었으며,
그 얼레의 축(굴대)은 단단한 통나무 판자에 오륙십 센티 길이의
나무기둥을 세우고 거기에 고정시킨 것이다.

알기 위해 저울대에 매다는 줄로도 참바를 쓴다. 도르래를 써서 무거운 것을 매달아 올릴 때도 질긴 참바가 아니면 안 된다. 깊은 우물을 팔 때는 땅 위에 굵은 나무로 삼각대를 만들어 세우고 거기에 도르래를 달아 파낸 흙을 땅으로 끌어 올리는데, 만에 하나 도르래를 매단 줄이 끊어졌다고 해 보자. 땅속 깊은 곳에서 흙을 파, 통에 담아서 도르래 줄에 매달아 주는 사람은 그만 납작해지고 만다.

참바는 돼지를 매달 때도 참 재미있게 쓴다.

옛날엔 웬만한 집에서는 돼지를 키우며 거름을 받고 다 크면 팔아서 적게나마 목돈을 만졌는데, 한 여섯 달 정도 먹이면 돼지는 거의 다 크는지라, 그때는 장사꾼을 불러서 팔거나 잡아서 동네에서 처리를 한다. 어떤 경우든 이때 돼지를 쓰러뜨려서 네 다리를 묶어야 하므로, 돼지우리 속에서는 돼지와 사람이 레슬링 아닌 레슬링을 하게 된다.

돼지는 등이 땅에 닿으면 힘을 쓰지 못한다. 레슬링으로 말하면 판정패다. 그래서 어떻게든 앞다리를 붙잡으면 번개같이 엎어뜨려서 돼지 등이 땅에 닿게 하고 네 다리를 참바로 묶고 얽어매서 저울에 매단다. 돼지의 꽥꽥거리는 소리가 온 동네를 울려서 금세 구경꾼이 달려들고, 주인과 장사꾼은 무게 많이 나가라고 구정물만 억지로 퍼 먹였느니 저울눈을 속였느니 하는 실랑이가 벌어진다. 지금은 결코 볼 수 없는 모습이다.

그물 일을 하는 어촌에서 자새는 특히 많이 쓰인다.

멍석, 도래방석, 두트레방석

멍석이나 도래방석은 네모나고 둥근 모양만 서로 다를 뿐이지 다 짚으로 짜서 만든, 곡식을 너는 데 쓰는 자리이다. 크기는 대개 멍석이 가로 일 미터 반에서 이 미터, 세로는 이삼 미터에 이르도록 다양하고, 도래방석 역시 지름 일 미터 반에서 이 미터 반가량으로 다양하다. 짜는 방법은, 만일 가로 이 미터, 세로 삼 미터의 멍석이라면, 우선 가늘고 질긴 새끼를 많이 꼬아서 백여 가닥의 날줄을 삼 미터 이십 센티 정도의 길이로 늘이고 그 사이를 짚으로 꼬아 엮으며 삼 미터 길이만큼 메워 가는 것이다. 이런 멍석 한 장을 마무리하기까지는 대략 스무 날에서 한 달가량 걸린다.

도래방석은 처음에는 여덟 가닥의 날줄로 시작하나, 차츰 둥글게 엮어 나갈수록 날줄을 계속해서 늘려 박아 줘야 하며, 지름이 큰 방석일수록 끝에 가서는 그 수가 많아야 된다. 멍석은 처음부터 원하는 만큼 날줄을 늘여서 끝까지 그 날줄만 가지고 엮지만, 도래방석은 방사형으로 점점 커질수록 날줄과 날줄 사이가 적당한 간격이 되게 날줄을 박아 주는 게 중요하다. 미처 날줄을 박아 주지 않거나 너무 자주 박아 주면, 방석의 모양이 판판하지 않고 우그렁쭈그렁이 되기 쉽다.

도래방석은 곡식도 널지만, 특히 여름철엔 마당이나 시원한 나무 그늘에 깔고 앉아서 밥을 먹거나 땀을 식히며 쉴 때 많이 쓴다. 그러므로 가지고 드나들기 쉽도록 가벼워야 하기 때문에 날줄을 더 가늘고 촘촘하게 박고, 보기 좋도록 헝겊 조각 따위로 무늬를 넣어서 엮기도 한다. 도래방석도 엮

농부가 둥글게 엮은 도래방석에 고추를 펴 말리고 있다. 뒤쪽에 곡식이
담긴 운두가 있는 조그만 방석은 맷방석이고, 농부 옆의 것은 둥구미다.
경기도 화성시 비봉면, 1989.

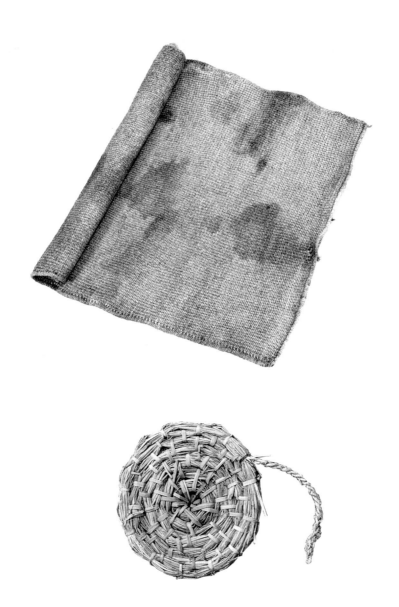

멍석(위)은 짚으로 짜서 만든, 곡식을 너는 데 쓰는 자리이다. 부엌 바닥에
놓고 깔고 앉는 두트레방석(아래)은 아궁이 불에 뜨겁게 달군 후 깔고
앉으면 엉덩이를 냉하지 않게 따뜻이 유지할 수 있다.

으려면 품이 많이 드는 것은 마찬가지여서 농사일 쉬는 겨울철에 주로 엮지만, 마을의 청년들이 편을 나눠 겨루는 단오놀이로 멍석 한 닢(멍석이나 도래방석은 한 장, 두 장이라고도 하지만, 한 닢, 두 닢이라고도 한다)씩 엮어내는 풍속이 있는 지방도 있다.

이것들을 엮을 때 쓰는 짚은 가능하면 길어야 한다. 짧으면 짚을 자주 넣어 줘야 하고 아무래도 깔끔한 모양새가 나오지 않기 때문에, 길게 잘 자란 짚을 아껴 뒀다가 다듬고 간추려서 쓰는 것이다. 그러나 묵은 것은 쓰지 않는다. 짚은 연년이 묵을수록 뻣뻣해지는 성질이 있으므로 항상 부드러운 햇짚을 쓴다.

멍석이나 도래방석엔 곡식을 널기 때문에 아무래도 쥐가 쏠기 쉽다. 보관할 때는 항상 곡식 낱알이 남아 있지 않게 잘 떨어내고 단단하게 말아서 풀어지지 말라고 두세 군데를 묶어야 하며, 양 끝은 적당한 것으로 틀어막아 쥐가 들어가지 못하게 해야 한다. 그런 다음 절대 비 맞히지 않고 습기 타지 않게 헛간 구석에 이삼십 센티 높이로 판자를 깔고 그 위에 세워서 보관해야 한다.

두트레방석은 지름이 삼사십 센티쯤 되게 짚으로 두툼하게 엮은 방석이다. 우리나라 중부 이북 지방에서는 겨울에 김칫독을 땅에 묻고 뚜껑을 덮은 다음 그 위에 씌우거나 쌀독 뚜껑을 덮는 데 썼다.

둥글게 틀어 엮어서 두트레방석인데, 커다란 독을 덮으려면 지름이 오십 센티가 넘어야 했다. 두께도 약 사 센티에서 칠 센티 정도에 이르도록 다양하고 바퀴마냥 세워서 빙빙 돌려 가며 엮다가, 마지막 한 바퀴는 머리 땋듯이 땋아서 마무리한다.

두트레방석은 쓰다가 낡으면 보통 정지(부엌) 바닥에 놓고서 채소나 양념거리를 다듬는 따위의 일을 할 때나 불을 땔 때 깔고 앉지만, 처음부터 부엌에서 깔고 앉을 목적으로 얇게 엮기도 한다. 특히 겨울에는 부엌에서 따뜻하게 깔고 앉는 데 요긴하게 쓰인다.

　세상 이치가 다 그러하겠지만, 연장이나 그릇 한 가지라도 본래 목적대로 쓰일 때가 좋다. 멍석과 도래방석에는 오곡백과가 가득 널려서 햇볕 쨍쨍한 초가집 마당에 있어야 좋고, 그런 오곡과 과일 들로 술과 떡을 빚고 이웃 사람들을 불러 아들딸들의 혼례식 잔치를 치르는 차일 마당에 깔아야 좋다. 멍석이 이런 데 쓰이지 못하고 멍석말이 같은 치죄治罪의 수단이나 농경사회의 아름다운 풍속이 아닌 일에 쓰일 때 그 사회는 이미 실망스러운 것이다.

못줄

여보시오 농부님네 이내 말을 들어 보소

남혼전 달 밝은데 순 임금의 놀음이요

학창의 푸른 대숲은 산신님의 놀음이요

오뉴월이 당도하면 우리 농부 시절이라

패랭이 꼭지에다 가화假花를 꽂고서 마구잡이 춤이나 추어 보세

전라도라 허는 디는 신산이 비친 곳이라

저 농부들도 상사祥事 소리를 메기는데

각기 저저엉 거리고 더부렁 거리네

저 건너 갈미봉에 비가 묻어 들어온다

우장을 허리 두르고 삿갓을 써라.

모시야 적삼에 반쯤 나온 연적 같은 젖 좀 보소

많이 보면 병 난다오 담배씨 만큼만 보소

서마지기 논배미가 반달만큼 남았구나

지가 무슨 반달이냐 초생달이 반달이지

어럴럴럴 상사디야

우리 골 남원은 사판이라 어이하여 사판인고

우리 골 원님은 놀이판이요 거부장자巨富長者는 뺏는 판

육방관속은 먹을 판났으니 우리 백성들은 죽을 판이로다

어화 어화 상사디야

못줄을 쳐 놓고 모를 심고 있다. "심어 주게 심어 주게 심어 주게 오종종 줄모로
심어 주게 만나 보세 만나 보세 만나 보세 아주까리 정자로 만나 보세."
경기도 화성시 매송면 야목리, 1982.

눈을 감으면 아련히 먼 곳에서 풍장소리와 함께 들려오는 듯한 이 농부가農夫歌 속에는 농사꾼이 천하의 근본임을 깨우치는 내용을 시작으로, 노동의 신명과 고달픔, 사랑과 이별의 정한, 그리고 세상에 대한 풍자와 조롱이 모춤이 가득 꽂힌 무논처럼 출렁인다. 때는 바야흐로 오뉴월, 모내기철이다.

여기저기 크고 작은 논배미마다 쟁기질하고 써레질 하느라 이랴, 이랴 소 모는 소리와 논을 고르느라 첨벙대는 소리, 모판의 모를 찌느라 와자지껄한 소리들이 온 들판을 가득 메운다. 머리에 수건을 쓰고 바지를 걷어 올린 사람들 한 떼가 모춤이 던져진 논에 들어간다. 모를 심으려는 게다.

못줄은 일정한 간격으로 반듯하고 빠르게 모를 심기 위해서 만든, 가늘고 질긴 노끈이다. 못줄의 끝과 끝을 논둑의 길이만큼 쳐서 작대기 같은 막대에 잡아 묶고 양쪽에 선 사람이 팽팽하게 당겨 주면 모심는 사람들은 못줄에 표시된 꽃(코)을 따라서 모를 심는다. 못줄은 세로줄(장줄)과 가로줄(종줄)이 있는데, 장줄은 이랑의 길이를 나타내는 줄로 이십사에서 이십칠 센티 간격으로 코가 달려 있어 논의 한가운데나 논둑을 따라 세로로 쳐 놓은 줄이고, 종줄은 못줄잡이가 양쪽의 논둑에서부터 장줄의 코를 따라서 칸칸이 옮기는 줄인데, 모와 모의 간격을 십이에서 십오 센티 되게 나타낸 가로줄이다.

못줄잡이 두 사람이 논의 윗머리 쪽에서부터 줄을 치면, 농부들은 모를 심기 시작해서 한 번에 한 사람당 보통 열 포기에서 열다섯 포기까지 심는다. 옆 사람과 거리는 양팔을 벌린 것보다 조금 더 떨어지게 늘어섰으므로 이 미터 반에서 삼 미터쯤 되고, 이보다 더 멀어지면 옆으로 발을 뗄 때 움직여야 하므로 모를 빨리 심을 수 없다. 이렇게 줄을 떼어서 다음 칸으로 칠 때마다 뒤로 한 발씩 물러나며 모를 심는데, 이때 한 번은 왼쪽에서 오른쪽으로, 또 한 번은 손을 뗀 그 자리, 즉 오른쪽에서 왼쪽으로 옆 사람과 마주칠 때까지 심어 간다. 양옆에 있는 사람은 그 반대로 심기 때문에, 처음엔 오른쪽에 있는 사람과 만날 때까지 심고, 다음엔 왼쪽 사람과 만나지는 모양새다.

앞서 이야기했듯이 이것은 모두 다 모를 빠르게 심기 위한 방법이다. 손이 조금 더딘 사람도 양쪽 사람들이 자동으로 도와주게 돼 있으므로, 모심는 사람이 열이면 열, 거의 동시에 한 줄을 마치고 손을 떼므로 줄도 빨리 떼고 또 빨리 새로 칠 수 있는 것이다. 이렇게 모를 심어 나가면 모쟁이라고 하는 사람은 뒤에서 모춤을 가져다 심기 좋도록 손 닿는 곳에 놓아 주기도 하고, 모가 모자란 곳에는 새로 가져다 던져두기도 하며, 모심는 사람들을 돕는다.

심어 주게 심어 주게 심어 주게
오종종 줄모로 심어 주게
만나 보세 만나 보세 만나 보세
아주까리 정자로 만나 보세
요놈으 총각아 뭣 하러 왔나
숫돌이 좋아서 낫 갈러 왔소
요놈으 색시야 뭣 하러 왔나
맷돌이 좋아서 풀 갈러 왔소

줄을 잡는 사람은 모심는 사람들이 가끔씩 아픈 허리를 펴고 쉴 수 있도록 못줄을 떼지 않고 기다려 주고 여러 재미난 이야기나 노랫가락을 들려줌으로써 고달픔을 잊게 한다. 또 일의 속도, 즉 줄을 떼고 치는 속도를 조정함으로써 적당한 시간에 일이 끝날 수 있게 해야 한다.

　논일 중에서 모심는 일이 가장 힘들다. 그래서 주인은 좋은 음식으로 일꾼들을 대접하고 논둑에 풍장 굿을 불러들이며 들노래를 부르는데, 이것은 다 풍년을 바라는 우리의 소중한 문화이다. 못줄이 나오기 전에는 산식 혹은 벌모라고 해서 적당한 간격으로만 심었는데 그 중에는 사방치기 같은 방식도 있었다.

논둑을 따라 길게 늘이는 장줄과 장줄에 박힌 코를 따라가며 칸칸이 줄을 떼는 종줄이다.

지게와 발채

지게와 발채는 농사꾼에게는 아주 상징적인 연장이다. 무거운 짐을 져 나르는 도구인 지게는 어렵고 힘든 일을 묵묵히 해야 하는 농사꾼과는 떼려야 뗄 수가 없는 것이어서 평생을 함께한다. 그러므로 연장 중에서 지게만큼 많은 이야기를 가지고 있는 것도 드물 것이다. 우선 나부터도 지게 이야기를 하려니 무엇을 먼저 말해야 할지 모르겠을뿐더러 가슴이 먹먹해지기까지 한다.

나는 초등학교를 갓 졸업한 나이부터 지게를 지기 시작했다. 처음엔 내 몸에 꼭 맞는 지게를 하나 가지고 싶었지만, 어른들은 "어려서 짐질을 하면 키가 안 큰다"며 만들어 주질 않았다. 그래서 할 수 없이 헌 지게를 하나 구해서 목발을 잘라내고 멜빵을 줄여서 한동안 지고 다니다가, 나중에는 기어이 내 손으로 지게를 만들어서 지게 되었다.

그 지게를 지고 친구들과 함께 산에 몰려가서 나무를 하던 일, 나무를 한 짐 가득 해서 지고 멀고 험한 산길을 내려올 땐 무거워서 금방 쉬고 싶어도 앞길을 줄이려고 조금만 더 조금만 더 참고 가서 쉬던 일, 그렇게 집에까지 와서 마당에 나무를 부리면 무엇과도 비교할 수 없는 그 홀가분하던 기분, 그리고 울타리 밑에 한 다발 한 다발 쌓아 가는 나무더미를 바라보던 뿌듯함과 대견함이 어제 일처럼 떠오른다.

낑낑대며 나뭇짐을 지고 오는 우리 같은 아이들을 보면 어른들은 "허! 이 놈들, 어깨에 멍에 자리 내느라고 고생들 헌다"며 허허 웃었다. 지게질을 해 보면 실제로 어깨가 빨갛게 부르트고 소의 멍에 자국처럼 굳은살이 박이는데, 내가 해 온 나무를 어머니는 안타까워서 차마 때지를 못하셨다.

무거운 짐을 지고 싶어서 스스로 지게를 만들어 지고부터 지금껏 농사꾼 되었음을 나는 후회해 본 적이 없다. 어릴 때부터 한 지게질은 오히려 참고 견디는 인내심을 길러 주어 어려운 농촌살림을 해 나올 수 있게 했는데, 지금도 가볍든 무겁든 짐을 지게에 져 날라야 편하고 안정감이 생기고 나르는 맛이 난다. 지게질이 뼈에 박인 것이다.

지게를 짜는 나무는 반드시 질기고 가볍고 단단해야 한다. 무겁거나 단단하지 않으면 지게 자체가 짐이 되고 부서지기 쉽기 때문이다. 그래서 소나무, 노간주나무, 자귀나무, 소태나무, 붉나무가 주로 쓰인다. 자귀나무는 대처럼 잘 갈라지므로 큰 통나무를 잘라서 쓴다. 가볍기로는 붉나무, 소태나무, 소나무, 노간주, 자귀나무순이고, 질기기로는 소태가 으뜸이고, 나머지는 우열을 가리기가 어렵다. 가지는 주로 참나무를 많이 쓰지만, 지겟다리(목발)와 한 몸으로 되게 가지가 갈라진 나무를 골라서도 만든다. 세장이라고도 하고 체장이라고도 하는 목발과 목발을 이어주는 너댓 개의 판자 쪽도 지게를 짜는 나무로 하거나 참나무를 쓴다.

지게는 쓰이는 데 따라서 다르기도 하다. 거름이나 물통을 지는 지게는 목발과 가지가 없고 양팔을 벌린 것 같은 통나무를 가로 걸쳐 만들고, 들녘에서 지는 지게는 목발이 길며, 산골에서 쓰는 지게는 목발이 짧다. 지게는 사람의 몸에 맞아야 무거운 짐을 져도 무게가 몸에 고루 실려 편하므로 엉덩이에서 등에 이르는 부분에 짚으로 엮은 등태라는 것을 푹신하게 세장에 붙이고 멜빵으로 높낮이를 조정하여 자기와 한 몸처럼 만든다.

보리 다발이나 검불나무처럼 부피가 많은 것을 질 때는 지게 뿔(세고자리)에 적당한 길이의 막대기를 더 이어 붙이는데, 지방에 따라서는 이것을

지게에 발채를 얹어 짐을 짊었다. 비교적 최근에 나온 지게로,
목발의 중심부를 쇠 파이프로 만들어서 위아래로 나무를 박은,
철물점에서 파는 지게다. 전라북도 임실군 덕치면 천담리, 1994.

꼬작이라고도 하며 지게 가지의 중간에도 세장을 하나 대서 가지가 벌어지지 않게 목발에 잡아 묶는다. 가지의 세장에는 띠꾸리라는 긴 줄을 항상 감아 놨다가 부피 많은 짐은 흘러내리지 않도록 꾸리를 풀어 지게 뿔 세장에 잡아 묶는다.

지게를 받쳐 둘 때 쓰는 작대기는 끝부분을 귀라고 하여 가지가 벌어져 있다. 이 귀에 지게의 맨 윗세장을 비스듬히 숙여 받치는 것이며, 짐을 지고 갈 때는 지게 옆구리에 끼거나 지팡이처럼 짚어서 중심을 잡는다. 지게 질을 하지 않을 때에도 작대기는 여러 곳에 쓰인다. 풀섶 우거진 길을 갈 땐 작대기로 뱀을 쫓고, 이슬을 털고, 귀신이 자주 나오는 밤길을 갈 땐 귀신이 싫어하는 복숭아나무 작대기를 쓴다. 도둑이 들면 작대기로 몰아내고, 콩 타작할 때도 좋다.

빈 지게를 집 안에 세워 둘 때는 지게 가지가 밖으로 향하게 하여 보통 처마 밑에 두는데, 그 반대로 두면 집 안의 재물을 밖으로 져 내가는 모양새라 하여 꺼려 했다. 그러니까 짐을 지고 온 모양 그대로 벽에 붙여 세워 두는 건데, 실은 이렇게 해야 비가 들이쳐도 젖지 않는다.

발채는 가는 싸릿대로 부챗살 모양처럼 엮어서 처음 부분과 끝 부분을 잡아매어 반원처럼 되게 한 다음 부챗살이 벌어진 부분은 그대로 두고 모인 부분은 잡아 아무린 것이다. 고구마나 감자, 조나 수수이삭처럼 흘어지기 쉬운 곡식과 두엄 따위를 나를 때 지게에 얹어서 쓰는 것이라, 발채만 따로 쓰는 일은 없다. 발채는 좋은 산죽을 베어서 껍질을 벗긴 다음 깨끗하게 엮기도 한다. 이런 발채는 두엄 발채와는 구분해서 깨끗한 것을 져 나를 때 쓴다.

곰방메

곰방메는 논이나 밭의 흙덩이를 두들겨 부수는 데 쓰이는 연장이다.

씨앗을 땅에 뿌리기 위해서는 우선 쟁기로 땅을 갈아엎어야 하는데, 그러면 쟁기밥이라고 해서 크고 작은 흙덩이가 이랑을 따라 쭉 생긴다. 씨알이 큰 곡식은 여기에 바로 종자를 뿌리고 흙덩이를 부숴서 덮기도 하지만, 기장처럼 씨알이 작은 곡식은 먼저 곰방메로 흙덩이를 더 자잘하게 부순 다음 뿌려야 한다.

논의 경우 모를 심으려면 무논에서 쟁기질을 세 번 하여 써레질을 한 다음 다시 적당한 연장으로 판판하게 골라 모내기를 한다. 하지만 날이 가물어서 모를 심지 못할 때엔 할 수 없이 밭에 심는 메밀 따위를 대신 심게 되는데, 이때의 논흙은 더 단단하고 덩이가 많이 생겨, 곰방메로 부수지 않으면 씨앗을 뿌릴 수가 없다.

밭도 비가 오지 않거나 거름기가 적은 땅은 덩이가 많이 생겨 어쩔 수 없이 곰방메질을 해야 한다. 소가 있는 사람은 소를 이용하여 덩이를 부수거나, 비 오고 난 후 적당한 때를 골라 쟁기질을 하면 흙덩이가 덜 생기기는 한다.

곰방메는 지름이 오에서 십 센티, 길이 삼십 센티 정도 되는 통나무에 일 미터에서 일 미터 반 정도 되는 자루를 T자 모양으로 박은 것이다. 몸통 나무는 너무 무겁지도 가볍지도 않은 소나무가 적당하고, 자루는 가벼우면서도 질긴 나무여야 한다. 흙덩이를 두드려 부술 땐, 만일 곰방메의 자루가 몸통보다 더 무겁다면 몸통 쪽에 힘이 쏠리지 않아 어깨만 더 아프다. 곰방메뿐만 아니라 자루가 달린 연장은 거의 다 몸통 쪽이 무거워야 쓰기 편하다.

곰방메는 논밭의 흙덩이를 부수거나 부숴서 덮는 연장이지만, 반대로 땅을 다지기도 한다. 논둑이나 밭둑이 큰 비로 물에 쓸려 가거나 소가 밟고 다녀서 허물어지면, 거기에 흙을 붓고 단단해지라고 좀 큰 곰방메로 두드리는 것이다. 만일 무너진 논둑이 계단식이었다면, 단순히 흙만 져다 붓는 게 아니고 그 흙이 다시 아래로 쓸려 가지 않도록 촘촘하게 나무 막대기를

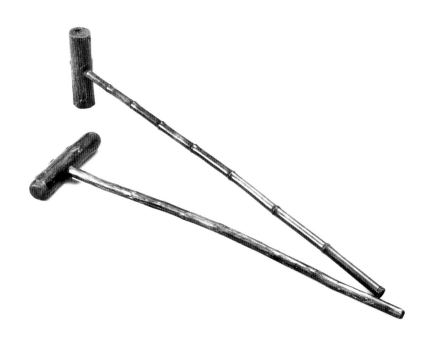

곰방메는 논밭의 흙덩이를 부수거나 부숴서 덮는 연장이지만,
반대로 땅을 다지기도 한다.

박고 거적이나 가마니를 대기도 하는데, 곰방메는 이럴 때 말뚝을 박는 망치 역할도 한다.

흙덩이를 부수는 연장 중에는 발고무래라는 게 있다. 지름 약 오 센티, 길이 약 삼십 센티쯤 되는 통나무에 어른의 굵은 손가락만 한 나무 이빨을 약 오 센티 간격으로 박은 것이다. 이것은 흙을 부수는 데도 쓰고, 발이 있으므로 씨앗 뿌리고 난 다음에 흙을 끌어 덮기도 좋다.

연장은 이처럼 본디 한 가지 목적으로만 쓰이는 경우는 거의 없고 한두 가지 다른 쓰임새도 있는데, 더 여러 가지 일에 쓰일 수 있도록 항상 변하고 발전한다. 못 같은 것을 박기도 하고 빼기도 하는 장도리 망치도 그 좋은 예일 것이다. 하지만 농기계의 발달로 곰방메는 지금 어디에서도 찾아볼 수 없다.

덕석과 부리망

쇠죽 여물은 하루에 한 번 대부분 저녁에 끓인다. 소도 사람과 같아서 특히 동지섣달의 긴긴밤을 견디려면 저녁에 막 끓인 뜨끈뜨끈한 쇠죽 여물 한 구유를 든든하게 먹여야 한다. 그래도 밤중엔 배가 고플까 봐, 우리가 쇠죽 끓인 아궁이 불에 고구마를 구워 놨다가 저녁 먹고 마실 가서 한참 놀다 와 밤참으로 꺼내 먹는 것처럼, 마른 여물 한 삼태기를 또 퍼다 준다. 소가 식구인 것이다.

외양간도 대부분 윗방이나 뒷방 부엌, 아니면 헛간이 딸린 아래채 부엌에 만드는데, 그것은 쇠죽 끓이며 때는 불로 방을 덥히고 외양간도 덥혀서 사람도 짐승도 다 추운 밤을 따뜻하게 보내기 위함이다. 그러므로 저녁에 쇠죽 여물을 끓이는 것은 당연한 일이겠고, 아침에는 솥에 남겨 놓은 쇠죽을 그냥 데우기만 해서 준다. 풀 먹는 짐승인 소는 무엇을 먹이든지 우선은 배가 부르게 해서 만족감을 느끼게 해 준 뒤, 다시 조용하고 어둑한 곳에서 한가하게 되새김질을 할 수 있게 해 줘야 살로 간다. 특히 겨울에는 따뜻하게 해 주지 않으면, 먹이를 먹어도 추위를 이기는 데 영양분을 쓰기 때문에 살이 찌지 않는다.

그래서 소에게는 춥지 말라고 짚으로 짠 덕석이라는 옷을 입혀 준다. 정확하게 말하면, 덕석은 소의 어깨에서 엉덩이까지 등허리만 덮어 주는 망토다. 흘러내리거나 벗겨지지 말라고 목에는 단추 채우듯 고리를 만들어 채우고 꼬리 쪽에도 안쪽으로 끈을 두르며, 가슴에는 벨트처럼 짚으로 짠

띠를 돌려 묶는다. 덕석이란 '덮어 준다'는 뜻이다. 짚으로 만들기 쉽지 않으면 헌 가마니를 뜯어서 만들기도 한다.

반려동물인 개 옷을 입히는 것과는 달리 덕석은 왜 등허리만 덮을까. "개는 코가 따뜻해야 자고, 사람은 발이 따뜻해야 자고, 소는 엉치(엉덩이)가 따뜻해야 잔다"는 말이 있듯이 엉치뼈가 시리면 소는 잠을 편히 잘 수 없어 등허리를 덮어 따뜻하게 해 주는 것이다. 배 쪽엔 마른 짚을 깔아 주니까 배 부분은 굳이 덮지 않아도 된다.

덕석을 덮어서 키우는 소는 겨울에도 날이 따뜻한 날엔 외양간에서 끌어내어 마당 고슬고슬한 곳에 매어 놓고, 덕석은 뒤집어 햇볕에 말려 주고 피부 마찰이 될 수 있게끔 솔이나 반쯤 닳은 싸리비로 소 등을 쓸어 준다. 그렇지 않으면 소에게도 눈가루처럼 비듬이 생기고 피부병까지 생긴다. 소는 사람이 자주 손질을 해 줘야 건강하고 성질이 온순해져 잘 먹고 빨리 큰다.

부리망은 소의 입에 씌우는 그물이다. 대부분 새끼로 떠서 입에 씌우고 벗겨지지 않게 끈을 목에 묶는데, 부리망을 씌우는 이유는 사람이 주는 먹이 말고 다른 것은 먹지 못하게 하기 위함이다. 이것저것 제 맘대로 주전부리하지 말라는 뜻이다.

봄이 되어서 날이 따뜻해지고 들에 풀이 돋기 시작하면 소도 외양간을 벗어나 밖에 있는 시간이 많아지는데, 이때 소가 새로 돋는 연한 풀을 한번 맛보게 되면 작년 가을에 해 둔 마른 여물로 끓인 쇠죽은 입에 대지도 않는다. 설사 입에 댄다고 하더라도 연하고 부드러운 잎사귀만 골라 먹느라 쇠죽을 다 헤쳐서 땅에 버린다. 여기까지는 좋은데, 문제는 아직 새 풀의 양이 많지 않아서 그걸로는 소의 양을 채워 줄 수 없다는 것이다. 그러면 소가 마르기 때문에 밖에 매어 둘 때는 아직 풀을 뜯지 못하게 부리망을 씌우

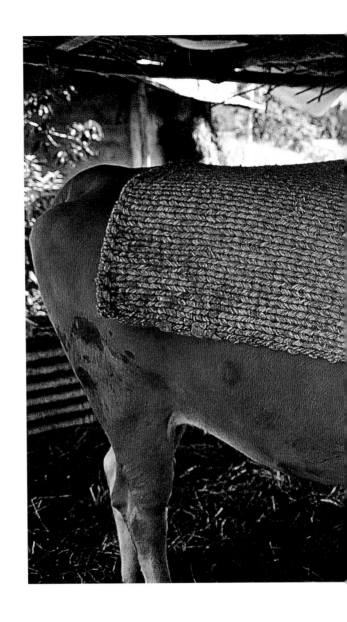

"개는 코가 따뜻해야 자고, 사람은 발이 따뜻해야 자고, 소는 엉치가
따뜻해야 잔다." 덕석으로 옷을 해 입은 이 소는 엉치가 따뜻하다.
경기도 화성시 비봉면, 2002.

는 것이다. 논밭을 갈거나 둑길을 오갈 때도 마찬가지다. 소가 좋아하는 곡
식(콩잎, 옥수수 잎, 고구마순)이 가까이 있으면 한 입이라도 먹으려고 말
을 잘 듣지 않는데, 부리망을 씌우면 소도 아예 처음부터 단념해 버린다.
고구마, 감자 같은 것도 먹지 못하게 항상 조심해야 한다. 잘못되면 되새김
질을 하지 못할 수 있고, 그러면 위 속에 가스가 차서 죽을 수도 있다.

소 입에 씌우는, 새끼로 뜬 부리망이다.

체와 쳇다리

체는 절구통에 빻은 곡식의 가루를 내거나 액체에 섞인 건더기를 걸러내는 데에 쓰고, 검불이나 먼지, 여러 잡티 따위를 곡물에서 골라낼 때도 쓴다.

체의 종류는 여러 가지인데, 어레미라고 하는 것은 쳇불 눈의 지름이 삼 밀리 이상 되는 것으로, 팥, 녹두 같은 낱알이 큰 곡식을 고를 때 쓰는 것이고, 중거리라는 것은 눈 지름이 이 밀리 정도여서 참깨, 들깨를 고르거나 맷돌에 탄 메밀의 껍질을 고를 때 쓴다. 가루 체는 말 그대로 빻은 곡물의 가루를 낼 때 쓰는 것이라 쳇불 구멍의 지름이 일 밀리가 채 되지 않으며, 술이나 엿기름물 따위를 거르는 체는 눈의 간격이 거의 없다.

쳇불은 가는 망을 말하는 것이고, 쳇바퀴는 쳇불을 고정시키는 지름 이 삼십 센티, 높이 이십에서 이십오 센티의 둥글고 얇은 소나무나 버드나무 판자이다. 쳇불의 재료로는, 어레미는 대오리나 철사이고, 중거리와 가루 체는 말총, 모시, 마로 만들었으며, 밴 체는 아예 모시나 삼베 같은 천을 쓰기도 한다.

체는 집집마다 없어서는 안 될 도구이다. 일 년을 두고 치르는 제사와 명절, 그리고 잔치나 생일 따위의 여러 통과의례에 떡과 술, 면(국수)은 빠지지 않는 음식인데, 체가 없으면 가루를 낼 수가 없으므로 이것들을 만들 수가 없다. 특히나 설 같은 큰 명절은 집집마다 떡을 하기 위해서 가루를 장만하므로 모두 다 체가 필요하다. 때문에 헛고생하기 십상인 일을

'섣달그믐에 체 빌리러 다니는 꼴'이라고 빗대어 말하기까지 한다. 설뿐이 아니다. 동지 때도 그렇고, 설 지나 대보름 때도 그렇고, 단오와 추석도 마찬가지여서, 떡과 면을 만들고 술을 거른다. 집집마다 체가 있어도 여러 개 있어야 되고, 일 년이면 한두 개씩 고치거나 새로 장만해야 한다.

그러므로 가을에 추수가 거의 끝나 한가해질 무렵이면 마을엔 여러 장사치들이 드나드는데, 그런 장사치들 중 하나가 체 장수이다. 여자 체 장수들이 머리에 이고 지고 올 때는 체만 파는 경우이고, 남자들이 올 땐 체를 팔기도 하지만, 대개는 헌 체를 고쳐 주거나 즉석에서 체를 매서 판다. 완제품을 가지고 다니면 무게는 하여간에 부피 때문에 몇 개 못 가지고 다니지만, 지게에 쳇바퀴 따로 쳇불 따로 차곡차곡 묶어서 연장 몇 개와 함께 지고 다니면 훨씬 더 많은 양을 가지고 다닐 수 있다.

체를 매는 일은 간단한데, 먼저 쳇바퀴를 불에 구워 둥그렇게 우그린 다음 소나무 뿌리로 만든 끈으로 잡아 묶고 굵은 철사를 꺾쇠처럼 채운다. 쳇바퀴의 안지름에 맞게 다시 이 센티 길이의 좁은 태를 만든 다음 그 위에 쳇불을 씌우고 쳇바퀴 안에 밀어 넣는다. 그러면 쳇불이 팽팽하게 당겨지는데, 이걸 한 번 좁은 태 안으로 휘어 접고 그 안에 또 좁은 태 하나를 덧댄다. 그런 다음 쳇바퀴와 좁은 태를 껴잡아서 송곳으로 구멍을 뚫고, 대나무 못을 박아 마무리하는 것이다.

쳇불은 말총으로 만든 것이 비싼데, 질기고 구멍이 밴 체일수록 더 비싸다. 그러나 밴 체일수록 빨리 망가진다. 왜냐면 가루가 잘 안 내려지므로 쳇불에 대고 빻은 것을 손으로 세게 문지르기 때문이다. 그 중에서도 술 거르는 체가 더 빨리 망가진다. 물기 있는 것이라 쳇불이 빠지기 쉬운 데다 손으로 내리누르기 때문이다. 체는 쳇바퀴만 부서지지 않으면 얼마든지 체 장수에게 다시 매게 할 수 있는 것이라, 술 거르다 체 좀 망가뜨린다 해도 대수롭잖다. 명절이나 좋은 잔치가 있어야 술을 하게 되니까 말이다.

쳇다리는 물기 있는 것을 거를 때 함지나 다라이, 혹은 자배기 위에 체를 걸쳐 놓기 좋게 만든 V자로 갈라진 나무 걸대이다.

섣달그믐이나 정월 대보름에 아주 밴 체를 대문간에 걸어 두는 풍습이 있다. 호기심 많은 도깨비가 대문간에 걸린 쳇불 눈을 세다가 날이 새 그만 도망가게 하기 위함이다.

쳇불 구멍이 아주 촘촘한 체(위)와 함지박 위에 걸친 쳇다리(아래)이다.
물기 많은 것을 거를 때에는 쳇다리 위에 체를 올려놓고 거른다.

귀때동이

이 연장은 똥오줌을 담아 날라다가 집과 가까운 텃밭의 남새나 곡식에 부어 주는 데 쓴다. 한꺼번에 십오에서 이십 리터 정도의 거름을 담을 수 있는데, 직접 농작물에 부어 주기 쉽게 아가리엔 귀가 달렸고, 머리에 이고 나르는 오지동이라 귀때동이라는 재미있는 이름이 붙었다. 나무로 만든 것도 있는데, 이것은 거름통보다는 키가 낮고 손잡이는 귀 언저리에 Y자 모양의 나무를 해 달았다.

옛날 농촌의 화장실은 크게 두 가지 방법으로 거름을 모았다. 하나는 잿간과 화장실을 한 칸에 두어 판판한 땅 위에 돌 두 개(부춧돌)를 놓고 그 위에 쪼그리고 앉아 똥을 눈 다음 재에 버무려서 한쪽에 쌓아 두는 것이고, 또하나는 커다란 오지항아리를 여러 개 땅에 나란히 묻고 그 중의 하나에 똥오줌을 눈 다음, 다 차면 차례차례 다음 항아리에 옮겨서 묽은 형태로 모아 두는 식이다. 앞의 것은 산이 많은 농촌의 비탈진 밭에 퍼 담아내기 좋은 방법이고, 뒤의 것은 비교적 평평한 밭에 퍼내기 좋은 방법이다.

가축이나 사람의 똥오줌은 바로 농작물에 주어서는 안 된다. 왜냐하면 우리가 음식을 먹고 나면 하루 동안 위와 장에서 소화되고 영양분이 흡수된 다음 찌꺼기가 똥오줌으로 나오는데, 그 중에 약 삼십 퍼센트 정도는 흡수되지 않는 것들이다. 가축 중에서도 특히 닭은, 먹는 것의 약 육십 퍼센트가 그냥 똥으로 나오므로 이것을 모아서 재나 왕겨, 톱밥 따위와 섞어서 다시 발효시켜야 한다. 그러면 달걀이 익을 정도의 열과 많은 양의 가스가 빠지면서 농작물에 이로운 곰팡이를 가진 좋은 퇴비거름이 된다.

이런 과정을 거치지 않고 바로 작물에 주면 열과 가스 때문에 작물이 죽게 된다. 생 똥오줌이 땅속에서 발효되기 위해서는 땅속이나 공기 중에 있는 질소라는 거름 성분을 끌어오게 되는데, 작물은 질소를 빼앗겨서라도 잘 자라지 않는다. 그러므로 앞서 얘기했듯이 사람의 똥오줌도 재와 버무려서 발효시키든지 커다란 항아리에 차례로 모아 옮겨 가며 삭혀야 한다. 삭히는 방법은, 첫번째 항아리에 똥오줌이 가득 차면 물을 붓고 잘 저어 섞어서 두번째 항아리에 옮겨 놓고, 다시 첫번째 항아리에 똥오줌이 가득 찰 때까지 놔뒀다가 세번째 항아리에 옮긴다. 빈 항아리엔 첫번째 것을 연방 퍼 오는 식이다. 그렇게 넷째 다섯째 항아리까지 옮겨 오는 동안 똥은 풀어지고 묽어져서 독기가 없어지는 것이다. 비유해서 말하면 똥오줌을 재나

약 십오 내지 이십 리터 정도의 똥오줌을 담아 머리에 이고 나르게
만든 것이 귀때동이다. 단정하게 쪽을 지고 흰 무명것을 입은 얌전한 아낙도
이 귀때동이에 담긴 것으로 남새를 가꾸었으리라.

톱밥 따위에 섞어 발효시킨 것은 곡식에겐 알약인 셈이고, 물을 섞어서 오래오래 삭힌 거름은 주사약인 것이다.

이 주사약을 거름통이나 장군에 담으면 육칠십 리터쯤 되므로 남자들이 거름지게로 져 날라야 하지만, 귀때동이에 담는 양은 십오에서 이십 리터이기에 여자들도 필요할 때면 조금씩 퍼 날라다가 텃밭의 남새를 가꾸는 데 손쉽게 썼다.

그래서 그런지 거름을 담는 것이라고는 믿기지 않게 깜찍하게 생긴 귀때동이의 모양새는 단정하게 쪽을 진 아낙의 모습을 떠오르게 한다. 틈틈이 시간을 내서 텃밭에 나앉은 그들의 모습에서는, 고단하지만 넉넉하고 아름다운 향기가 있다. 뭐니 뭐니 해도 사람의 똥오줌으로 가꾼 남새라야 남새도 제맛이 난다.

쇠스랑

쇠스랑은 괭이처럼 생긴 연장인데, 날이 넓적하지 않고 손가락 굵기의 한 뼘쯤 되는 발이 두 개에서 다섯 개까지 달려서 괭이보다 땅에 더 잘 박힌다. 그러기 때문에 밭을 일구거나 흙덩이를 부수는 데 많이 쓰고, 외양간이나 마구간, 돼지우리의 거름을 쳐내는 데도 없어서는 안 될 연장이다.

무른 땅을 일구거나 흙덩이를 부수는 데는 네 발이나 다섯 발 쇠스랑을 쓰고, 단단한 땅을 일구는 데는 두 발 쇠스랑을 쓰지만 세 발도 쓴다. 하지만 꼭 그러라는 법은 없어서, 세 발 쇠스랑으로 거름을 쳐내도 되고 다섯 발 쇠스랑으로도 단단한 땅을 팔 수는 있다. 그러나 단단한 땅을 팔 때는 두 발이 더 좋고 거름을 쳐낼 때는 네 발 쇠스랑이 더 좋으니, 기왕이면 알맞은 것을 쓰라는 이야기다.

쇠스랑과 비슷한 것 중에 삼괭이라는 게 있어 인삼을 캐는 데 쓴다. 이것은 호미처럼 쓰기 위해서 자루는 짧게 하고 발은 길게 한다. 발을 길게 한 것은 인삼 뿌리를 캐기 쉽게 하기 위해서다. 이렇듯 연장은 하려는 일에 그 모양이 딱 맞을수록 일을 더 많이 잘할 수가 있는 것이다. 쇠스랑으로 땅을 팔 땐 날로 찍고, 흙덩이를 부술 땐 날 등으로 내려친다.

외양간의 거름은 덩치 큰 소가 발로 밟아서 똥오줌과 지푸라기, 보릿대, 혹은 풀, 검불 따위가 함께 단단하게 다져진 것이라 쇠스랑으로 찍어서 끌어내지 않으면 안 된다. 이렇게 끌어낸 거름은 마당 한 구석의 거름 더미에 차곡차곡 쌓아 놓고 비가 들어가지 않게 이엉이나 거적으로 덮어 두는데,

연장이란 논과 밭에서 일하다가도 흥이 나면 손에 들고 덩실덩실 춤을
추는 것이지만, 농사꾼을 억압하는 시절에는 그대로 무기가 되어 사납게
치켜든 채 달려 나가게 한다. 그럴 때 쇠스랑은 가장 강력한 무기가
되었다. 세 발 쇠스랑을 메고 있는 농부에게선 평화로움이 감돈다.
전라북도 남원시 운봉읍, 1983.

이게 사오 일쯤 지나면 속에서 뜨느라 흰 김이 피어오르기 시작한다. 그렇게 일주일이나 열흘 정도 지나면 다시 한 번 뒤집어서 쌓아 주어야 하며, 이때는 가운데 것은 바깥으로, 바깥 것은 가운데로 들어가도록 해야 한다. 왜냐하면 공기가 통하지 않은 가운데는 거름이 뜨지 않기 때문이다. 이렇게 거름을 띄워야 나쁜 병균이나 독성이 없어지고 풀 씨앗들도 죽으며, 물기는 수증기가 되어 다 달아나 논밭으로 져내기 좋게 가벼워진다.

거름을 쳐내고 되쌓을 때 삽처럼 생겼으나 날이 세 개로 갈라진 거름대나 호크라는 연장과 함께 많이 쓰이는데, 그 모양새에서 보듯이 위험한 연장이기도 하다. 쓸 때도 그렇지만 쓰지 않을 때도 날이 사람이나 짐승의 발에 밟히지 않게 거꾸로 잘 세우거나 걸대에 걸어서 보관해야 한다. 무릇 연장이란 농사꾼에게 좋은 시절에는 논과 밭에서 일하다가도 손에 들고 덩

다양한 모양의 쇠스랑들이다. 오른쪽의 날이 넓은 것은 보리밭에 흙을 넣는 데 쓰는 보토괭이다.

실덩실 춤을 출 수 있는 것이지만, 농사꾼을 억압하는 시절에는 그대로 무기가 되어 사납게 치켜든 채 달려 나가게 한다. 그럴 때 쇠스랑은 농사 연장 중에서도 가장 강력한 무기가 된다.

불과 백이십여 년 전, 우리나라의 농민들이 안으로는 못된 벼슬아치를 몰아내고 밖으로는 왜놈 양놈 들을 몰아내어 사람이 사람대접 받는 편안한 세상을 이루자고 천지사방에서 벌 떼처럼 일어났을 때, 그때도 쇠스랑은 죽창과 더불어 가장 무서운 무기 노릇을 했다. 동학농민전쟁이었다. 지금도 황토현에 있는 동학혁명 기념관에 가면 왜놈의 군대에 맞서 싸우는 농민군의 모습을 볼 수 있다. 부릅뜬 눈, 꽉 다문 입술, 치켜든 팔뚝에 흐르는 선혈이 그날의 장엄하고도 숭고했던 정신을 말해 준다. 지금 우리의 피는 그들만큼 붉은지 모르겠다.

연자방아

연자방아는 소나 말의 힘을 이용하는 방아다. 지름이 일 미터에서 일 미터 반쯤 되는 커다란 둥근 돌 두 짝을, 큰 짝은 눕히고 작은 짝은 큰 짝 위에 세워 굴리며, 벼, 보리, 밀, 수수, 옥수수, 조, 기장 따위를 한꺼번에 많이 찧는 방아 연장이다.

눕힌 짝은 가운데를 둥글고 넓적하게 바깥쪽으로 약간 기울게 파고, 갓 테두리를 만들어서 윗돌의 무게에 눌려서 찧어지는 곡식이 바깥으로 흩어지지 않게 하였다. 굴리는 짝은 눕힌 짝 파낸 부분의 바깥쪽 원을 따라 테두리를 벗어나지 않고 수백 바퀴를 굴려야 하기 때문에, 둥근 돌을 세운 상태에서 안쪽 지름의 길이가 바깥보다 짧게, 안으로 비스듬한 모양으로 만들었다.

이것을 다시 눕힌 짝은 가운데에 구멍을 뚫어 고줏대라는 굵고 단단한 막대기를 세웠다. 굴리는 짝은 가운데에 쇠막대기를 끼워 고줏대와 서로 연결하여 달구지처럼 방틀이라는 네모진 얼개를 만들고 후리채라는 걸 단다. 이 후리채를 소나 말에게 매달아 끌게 하면서 아래짝 돌의 둘레를 돌게 만든 게 연자방아이다. 이렇게 하면 눕힌 짝과 구르는 짝 사이에 있는 곡식이 돌의 무게에 눌리고 어긋나 낟알과 낟알 사이가 서로 거세게 비벼지기 때문에 껍질이 쉽게 벗겨진다. 한번 눈으로 보면 간단할 것도 이젠 사라져 우리 눈에 보이지 않으니 설명하기가 쉽지 않다. 어찌 이것뿐이랴.

그러나 정말로 쉽지 않고 힘든 것은 방아를 찧느라 무거운 돌을 돌리는

연자방아는 흔히 연자매라고도 부른다. 매의 아래짝 둘레를 나중에
시멘트로 감쌌다. 위짝을 돌릴 때 가장자리로 밀려나는 곡식을 가운데로
모으기 쉽게 하기 위해서다. 경기도 화성시 남양읍 신외리, 1989.

소나 말일 것이다. 우리나라는 말이 흔치 않으니 연자방아는 대부분 소가 끌면서 돌았는데, 생각해 보자. 지름의 길이가 기껏 일 미터 반 정도인 연자방아 주위를 몇백 번이고 뱅글뱅글 돌아야 하니 힘이 드는 것은 둘째치고 어지러운 것을 어찌 참았을까. 짐승이라고 하여 어지러움을 모를까. 사람도 제자리에서 다섯 바퀴 정도만 돌면 어지러워서 비틀거리는데, 소나 말이 그렇게 하염없이 도는 것이 측은하지 않은가.

뭐든지 눈앞에서 벌어지는 일은 측은한 생각이 들고 보이지 않는 곳의 일은 덜 측은하게 느껴져서, 옛날 중국의 어떤 임금은 죽이러 가는 짐승을 눈에 보이지 않는 다른 짐승과 바꾸게도 했다는데, 내가 만일 소라면 차라리 뼈가 부서질지언정 넓디넓은 들판에 나가서 있는 힘껏 쟁기를 끌며 풀냄새라도 맡는 것이 더 좋을 성싶다.

사람이 길들여 부리는 가축 중에서 소는 참고 견디는 힘이 가장 강해서 사람의 곁을 떠나지 않고 오랜 세월을 함께해 왔다. 그러므로 일하는 소는 항상 좋은 먹이와 깨끗한 잠자리를 주고 힘든 일을 오래 시키면 아니 된다. 사람한테 매인 말 못하는 짐승을 부리기만 하고 거두지 않으면, 그것은 죄로 간다. 옛 어른들이 소는 사람과 똑같이 식구로 여겼던 의미를 항상 새겨야 하리라.

연자방아 중에는 가루만 빻는 것도 있다. 찧고 쓿는 방아는, 위짝 돌이나 아래짝 돌의 거죽을 정이라는 단단하고 뾰족한 쇠로 좃아서 곰보처럼 만들어 비벼지는 힘을 크게 했지만, 가루만 빻는 연자방아는 비벼지는 힘보다는 누르는 힘을 썼기 때문에 돌의 거죽이 매끈하고 크기가 작아 소나 말보다는 대부분 사람이 돌렸다.

방아 연장 중에서도 연자방아는 논이 많은 들녘에서 많이 썼다. 많은 양의 곡식을 아무 때나 찧을 수 있으므로, 벼가 많이 나는 평야 지대 방앗간으로 더 알맞았던 것이다. 연자방아는 흔히 연자매라고도 불렀다. 쿵더쿵 쿵더쿵 내리찧는 게 아니라 맷돌처럼 드르륵드르륵 돌리면서 갈아 찧기 때문이다.

굴레

보리는 가을에 씨를 뿌려 겨울을 나는 작물이다. 시월 말에서 십일월 초 사이에 씨를 뿌리면 싹이 나 대여섯 장의 푸른 잎을 가진 채로 겨울을 나 게 되는데, 너무 일찍 뿌려 잎이 무성해도 좋지 않다. 또한 너무 늦게 뿌리 면 잎과 뿌리가 어려서 얼어 죽기 쉽다. 그러므로 보리농사는 씨 뿌리는 때와 겨울의 날씨가 중요하다. 또 중요한 것은 거름 주기와 흙 넣고 다져 주기다.

거름 주기는 본디 땅의 기름진 정도를 짐작해서 날이 풀리는 무렵에 준 다. 이 거름은 보리의 성장을 도우므로, 너무 많이 주면 보리가 지나치게 웃자라서 이삭이 패고 영글 무렵 비바람에 쓰러지기 쉽다. 쓰러지면 낟알 은 잘 여물지 못하고 쭉정이가 많이 생길 수밖에 없다. 보리가 익을 무렵은 비가 잦은 때라 구름이 몰려오는 밤이면 농부들은 잠을 이루지 못한다. 그 렇다고 보리가 쓰러질 것을 걱정하여 거름을 적게 주면 새끼를 덜 치고 이 삭이 탐스럽지 못하다. 이래저래 걱정이다.

보리가 쉽게 쓰러지는 데에는 거름 탓도 있지만, 실은 뿌리가 튼튼하지 못한 것이 제일 큰 원인이다. 월동 작물인 보리는 겨우내 땅이 얼었다 녹았 다 반복하는 동안에 뿌리가 둥둥 떠서 땅속 깊이 내리질 못하는데, 특히 자 람의 상태가 좋지 못한 보리일수록 뿌리가 서로 엉키질 못해서 얼어 죽거 나 쓰러지기 쉽다. 이것을 예방하는 게 흙 넣고 밟아 주기다.

흙 넣기는 보리 이랑의 높은 부분을 괭이로 허물어서 보리에게 덮어 주는 것이다. 그리고 푸석거리는 땅을 꼭꼭 밟아서 흙이 다져지도록 해야 한다. 이렇게 해야 겉으로 드러난 뿌리가 묻히고 땅속으로 깊이 뻗을 수 있다.

굴레는 보리밭을 좀 더 수월하게 다지기 위한 연장이다. 지름 삼사십 센티, 길이 사오십 센티 되는 돌에 굴대라고 하는 축을 끼우고 손잡이를 연결한 다음, 사람이 밀거나 굴리며 땅을 다진다. 이 모양이 쉽게 떠오르지 않으면 테니스 코트의 흙을 다지는 커다란 롤러를 생각해 보자. 크기만 좀 다를 뿐 생김생김이나 쓰임새가 하나도 다르지 않다. 굴레의 원래 이름은 궁굴대인데, 지방에 따라서는 굴레, 돌태라고도 불렀다. 모두 다 구른다는 뜻이다.

보리밭 다져 주기는 두 번 하는 게 좋다. 한 번은 겨울에, 그리고 또 한 번은 웃거름을 주고 나서다. 겨울에 하는 것은 얼어 죽는 것을 막아 주고, 두 번째 하는 것은 뿌리 내림과 새끼 치기를 돕는다. 이렇게 한다면 겨울이 아무리 춥고, 여름 비바람이 거세도 보리는 쓰러지지 않는다. 쓰러질 것을 걱정하느라 밤에 잠 못 잘 일이 없다. 이제 여기에 거름을 충분히 주었다면 많은 수확을 얻을 수 있는 것이다.

보리를 주곡으로 할 때에는 보리농사가 가장 중요할 수밖에 없었다. 우리나라는 몇몇 평야 지대를 제외하고는 대부분의 땅이 밭이어서 가난한 사람들은 보리밥을 먹을 수밖에 없었고, 부족한 양은 여름 곡식인 조, 기장, 수수, 옥수수, 고구마, 감자 따위로 채워야 했다. 땅은 항상 잘사는 몇몇 지주에게 몰려 있고 농업 생산량은 적던 때라, 겨울이 가고 봄이 되면 끼니를 잇지 못하는 사람들이 많았다.

봄엔 아직 보리가 익기 전이다. 산과 들에 오직 나물뿐이다. 특히 흉년이 든 해는 겨울부터 양식이 떨어지는 집이 많아서 보리가 익기 전까지 견디지 못하고 부황으로 굶어 죽는 사람들이 생겼다. 이 가파르고 메마른 시기를 보릿고개라 불렀다. 목숨이 턱에 닿아 넘는 목숨고개였던 것이다. 전쟁 후에 태어난(1955-1964년생) 사람들을 흔히 베이비 붐 세대라고 하는데, 아마도 이 사람들까지는 보릿고개를 겪었으리라. 그러다가 점차 농업 생

보리밭을 다지는 데 쓰는 굴레로, 원래 이름은 궁굴대이다.

산량이 늘어나고 사회가 바뀌면서 굶주림의 공포를 벗어났다.

　제주도는 보리밭을 다지는 것도 남달랐다. 예부터 제주도는 '삼다三多'라 하여 여자와 돌과 바람이 많은데, 바람이 워낙 거세고 흙은 푸석거리는 화산재 같은 거라, 보리를 심자마자 밭을 다졌다. 굴레도 남태라 하여 뭉툭하고 주먹만 한 나무 이빨을 육칠십 개 열을 지어 박은 것을 쓰는데, 씨앗을 뿌리고 흙을 덮어 준 다음 남태로 꼭꼭 다지지 않으면 바람에 모두 날아갔다. 그러나 겨울엔 여간해서 얼음이 얼지 않는 곳이라 싹이 난 다음에는 남태로 다지지 않는다.

박형진(朴炯珍)은 1958년에 전라북도 부안군 변산면 도청리
모항마을에서 태어났다. 초등학교를 졸업한 후 고향에서 농사를
지으며 1990년까지 농민운동을 했고, 1992년『창작과 비평』봄호에
「봄 편지」외 여섯 편의 시를 발표하며 작품활동을 시작했다.
시집으로『바구니 속 감자 싹은 시들어 가고』『다시 들판에 서서』
『콩밭에서』가 있고,『모항 막걸리집의 안주는 사람 씹는 맛이제』
『변산바다 쭈꾸미 통신』이란 산문집을 냈으며,『갯마을 하진이』
『벌레 먹은 상추가 최고야』등의 어린이책을 썼다. 현재 모항에서
농사를 짓고 있다.

농사짓는 시인 박형진의
연장 부리던 이야기

朝鮮 農器具 散筆

현장사진 황헌만, 유물사진 농업박물관

초판1쇄 발행 2015년 12월 28일
초판2쇄 발행 2017년 5월 10일
발행인 李起雄 **발행처** 悅話堂
경기도 파주시 광인사길 25 파주출판도시
전화 031-955-7000 팩스 031-955-7010
www.youlhwadang.co.kr yhdp@youlhwadang.co.kr
등록번호 제10-74호 **등록일자** 1971년 7월 2일
편집 조윤형 백태남 박미 **디자인** 최훈
인쇄 제책 (주)상지사피앤비

값은 뒤표지에 있습니다.

ISBN 978-89-301-0498-2   03380

Korean Agricultural Implements ⓒ 2015 by Park Hyeongjin
Photographs ⓒ 2015 by Hwang Huen-man & the Museum of Agriculture
Published by Youlhwadang Publishers. Printed in Korea.

이 도서의 국립중앙도서관 출판시도서목록(CIP)은
e-CIP 홈페이지(http://www.nl.go.kr/ecip)에서
이용하실 수 있습니다.(CIP제어번호: CIP2016001956)

이 책은 한국출판문화산업진흥원의 2015년
'우수 출판콘텐츠 제작 지원' 사업 당선작입니다.